I0876758

Kohlhammer

Kompendien Praktische Theologie

Herausgegeben von:

Thomas Klie und Thomas Schlag

Band 2

Die Kompendien Praktische Theologie bieten kompakte und anschauliche Überblicke über die Teilgebiete der Praktischen Theologie. Die einzelnen Bände präsentieren gesichertes Grundlagenwissen mit Bezug auf gegenwartsrelevante Fragestellungen und orientieren sich an folgenden Leitthemen: Problemhorizont und gegenwärtige Herausforderungen – Geschichte der Disziplin – Systematische Entfaltung – Empirische Erkenntnisse – Enzyklopädische Verortung im Ganzen der Praktischen Theologie. Besonderes Augenmerk liegt auf der Verzahnung von Theoriebildung und Praxisreflexion, der Integration in internationale Diskurse sowie dem Dialog mit Partnerwissenschaften außerhalb der Theologie.

Hendrik Munsonius

Kirche und Recht

Verlag W. Kohlhammer

Gesamtherstellung: W. Kohlhammer GmbH, Stuttgart

Print:
ISBN 978-3-17-034090-9

E-Book-Formate:
pdf: ISBN 978-3-17-034091-6
epub: ISBN 978-3-17-034092-3
mobi: ISBN 978-3-17-034093-0

Vorwort

Die Praktische Theologie begreift sich als Theorie kirchlicher Praxis. Diese Praxis ist eingebettet in rechtliche Rahmenbedingungen, die Möglichkeiten für das kirchliche Handeln eröffnen und begrenzen. Dazu gehören das allgemein geltende Recht (→ 3.1), das staatliche Religionsrecht (das herkömmlich auch als Staatskirchenrecht bezeichnet wird; → 3.2) und das von der Kirche selbst gebildete Kirchenrecht (→ 3.3). Das Thema »Kirche und Recht« bildet so eine Querschnittsmaterie für das gesamte kirchliche Handeln. Gegenstand dieses Kompendiums ist das Recht, soweit es für die Landeskirchen in Deutschland (→ 6.1.1) und ihre Zusammenschlüsse (→ 6.1.2) relevant ist.

Die Beschäftigung mit dem Recht kann dazu helfen, die eigenen Handlungsmöglichkeiten besser einzuschätzen. Es erleichtert die Zusammenarbeit auf der Grundlage gemeinsamer Regeln. Es bietet für viele Fälle probate Lösungen und klare Orientierung. Da das Recht vor allem für Kooperation oder Konflikt da ist (→ 3.1.1), stellt es auch keine trockene Materie dar, sondern hat vielmehr besonders lebensvolle Situationen zum Thema. Im Zusammenhang kirchlicher Reformen stabilisiert das Recht die bestehende Ordnung und ermöglicht zugleich ihre Veränderung.

Theologen und Juristen, die sich in der Kirche begegnen, brauchen wechselseitig Kenntnisse der anderen Materie. Es kann aber nicht darum gehen, sie zu Angehörigen der anderen Profession auszubilden. Darum muss es vor allem um Kenntnis der Grundlagen und Grundzüge des Zusammenhangs von Kirche und Recht gehen, um so in einen fruchtbaren Diskurs treten zu können.

Üblicherweise werden Kirchenrecht und staatliches Religionsrecht unabhängig voneinander behandelt und allenfalls Schnittstellen benannt. Wendet man sich jedoch aus der Perspektive der Praktischen Theologie, d. h. ausgehend vom kirchlichen Handeln dem Recht zu, wird deutlich, dass beide Rechtsbestände nicht isoliert, sondern zugleich zu beachten und in ihrer Wechselwirkung zu betrachten sind. Daraus folgt das Konzept dieses Buches, das von der Kirche und ihrem Handeln seinen Ausgang nimmt (→ 1) und nach einer geschichtlichen Verortung (→ 2) und rechtssystematischen Grundlegung (→ 3) die Rechtsmaterien in Bezug auf die Handlungsvoraussetzungen und -vollzüge darstellt (→ 4), ehe abschließend die Materie in verschiedene Horizonte eingeordnet wird (→ 5). Für die isolierte Darstellung des geltenden Kirchen- und Religionsrechts kann auf bereits vorhandene Literatur verwiesen werden (→ 6.4).

Eine Binsenweisheit des juristischen Studiums, die dennoch nicht oft genug wiederholt werden kann, lautet: Der Blick ins Gesetz erleichtert die Rechtsfindung! Dies gilt auch für das Recht, soweit es für das kirchliche Handeln relevant ist. Im Anhang finden sich Hinweise, wie die einschlägigen Gesetze ausfindig zu machen sind (→ 6.3). Für das staatliche Religionsrecht ist außerdem die Rechtsprechung des Bundesverfassungsgerichts besonders relevant (Neureither 2015). Die Themen können in der einführenden Literatur (→ 6.4) leicht über die Inhaltsverzeichnisse erschlossen werden; auf Nachweise wurde insofern verzichtet. In den genannten Werken sind auch weiterführende Literaturhinweise zu finden.

Da das evangelische Kirchenrecht vor allem von den derzeit 20 Landeskirchen verantwortet wird, die jeweils ihre eigene Tradition haben, gibt es stets Unterschiede im Detail der Regelungen und vor allem in den Bezeichnungen von Organisationen und Ämtern. Um nicht ständig alle Bezeichnungen aufführen zu müssen, ist dem Anhang ein entsprechendes Register beigegeben (→ 6.2).

Mein Dank gilt den Herausgebern der Reihe, Prof. Dr. Thomas Klie und Prof. Dr. Thomas Schlag, dass sie mir Gelegenheit gegeben haben, das Kirchen- und Religionsrecht in der Perspektive der Praktischen Theologie zu entfalten, und Dr. Sebastian Weigert und seinem Team im Verlag für die engagierte Betreuung dieses Projekts. Er gilt aber auch den Studierenden in Göttingen und Marburg, die sich in Lehrveranstaltungen dem Kirchen- und Religionsrecht gestellt und damit die gemeinsame Auseinandersetzung befördert haben.

Hendrik Munsonius

Inhalt

Abkürzungen

Abs.	Absatz
AEUV	Vertrag über die Arbeitsweise der Europäischen Union
AKf	Arnoldshainer Konferenz
AöR	Archiv des öffentlichen Rechts
Art.	Artikel
Az.	Aktenzeichen
BGB	Bürgerliches Gesetzbuch
BVerfG	Bundesverfassungsgericht
BVerfGE	Entscheidungen des Bundesverfassungsgerichts (amtliche Sammlung)
BVerwGE	Entscheidungen des Bundesverwaltungsgerichts (amtliche Sammlung)
CA	Confessio Augustana (Augsburger Bekenntnis)
DDR	Deutsche Demokratische Republik
DG	Disziplinargesetz
d. h.	das heißt
DSGVO	Datenschutzgrundverordnung
EGMR	Europäischer Gerichtshof für Menschenrechte
EKD	Evangelische Kirche in Deutschland
EKU	Evangelische Kirche der Union
EMRK	Europäische Menschenrechtskonvention
etc.	et cetera (und so weiter)
ev.	evangelisch
e. V.	eingetragener Verein
f.	folgende
GEKE	Gemeinschaft Evangelischer Kirchen in Europa
GG	Grundgesetz
GmbH	Gesellschaft mit beschränkter Haftung
GO	Grundordnung
Hg.	Herausgeber

i. V. m.	in Verbindung mit
Jh.	Jahrhundert
JuS	Juristische Schulung
JZ	Juristenzeitung
KBG	Kirchenbeamtengesetz
KMG	Kirchenmitgliedschaftsgesetz
KomPT	Kompendien Praktische Theologie
KuR	Kirche und Recht
lit.	littera (Buchstabe)
luth.	lutherisch
Mio.	Millionen
NS	Nationalsozialismus
NVwZ	Neue Zeitschrift für Verwaltungsrecht
o. ä.	oder ähnliches
ÖRK	Ökumenischer Rat der Kirchen
PfDG	Pfarrdienstgesetz
Rn.	Randnummer
röm-kath.	römisch-katholisch
S.	Satz, Seite
SeelGG	Seelsorgegeheimnisgesetz
SGB	Sozialgesetzbuch
StPO	Strafprozessordnung
Tz.	Textziffer
u. a.	unter anderem
UEK	Union Evangelischer Kirchen in der Evangelischen Kirche in Deutschland
VELKD	Vereinigte Evangelisch-Lutherische Kirche Deutschlands
Verf	Verfassung
vgl.	vergleiche
VVZG	Verwaltungsverfahrens- und -zustellungsgsetz
WRV	Weimarer Reichsverfassung
z. B.	zum Beispiel
ZBR	Zeitschrift für Beamtenrecht
ZevKR	Zeitschrift für evangelisches Kirchenrecht

Biblische Bücher werden nach den Loccumer Richtlinien abgekürzt.

1 Kirchentheoretische Grundlagen

1.1 Kirchenverständnis

Für die Beschreibung des Verhältnisses von Kirche und Recht ergibt sich beim ersten Hinsehen ein widersprüchlicher Befund. Auf der einen Seite wird ein fundamentaler Gegensatz zwischen Kirche und Recht artikuliert, wie er insbesondere bei Rudolf Sohm zu finden ist (Sohm 1923, 700):

> »Das Wesen der Kirche ist geistlich, das Wesen des Rechts ist weltlich. Das Wesen des Kirchenrechts steht mit dem Wesen der Kirche in Widerspruch.«

Auf der anderen Seite ist zu beobachten, dass in der Kirche ständig und selbstverständlich Recht angewendet wird. Theoretische Bestreitung und empirische Normalität des Rechts können vor allem dadurch in einen Ausgleich gebracht werden, dass im Hinblick auf die Kirche differenziert wird, in welcher Weise jeweils von ihr gesprochen wird. Dies kann in soziologischer (→ 1.1.1), in ekklesiologischer (→ 1.1.2) und in kirchentheoretischer (→ 1.1.3) Perspektive geschehen.

1.1.1 Soziologisch

Ganz allgemein lässt sich die Kirche als Gemeinschaft von Menschen (→ 1.1.1.1) zur Pflege einer bestimmten Religion (→ 1.1.1.2) beschreiben. Im staatlichen Recht wird dies mit dem Begriff der Religionsgesellschaft erfasst (→ 3.2.2.3). Um die Situation einer Gemeinschaft zureichend zu erfassen, ist auch auf den gesellschaftlichen Kontext zu achten, in dem sie sich befindet (→ 1.1.1.3).

1.1.1.1 Gemeinschaft

Jede Gemeinschaft von Menschen ist durch die Polarität von Individuum und Gemeinschaft bestimmt. Es gibt gemeinsame Interessen, aus denen sich der Wille zur Gemeinschaft ergibt. Es bleiben aber stets auch individuelle Interessen, die teilweise mit den Gemeinschaftsinteressen zusammenstimmen, teilweise ihnen widerstreiten. So muss jede Gemeinschaft klären, wieviel Homogenität sie voraussetzen, wieviel Diversität und Pluralität sie zulassen will. Daraus ergeben sich die Anforderungen für die Zugehörigkeit zur Gemeinschaft und die Erwartungen an ihre Mitglieder. Außerdem resultieren daraus unterschiedliche Grade der organisatorischen und rechtlichen Verdichtung (→ 1.5.1.3). Soweit eine Gemeinschaft organisatorische Gestalt gewinnt, tritt sie dadurch ihren Mitgliedern als eigenständige Größe gegenüber, die Kirche erscheint dann als »Amtskirche«.

Als eine bestimmte Gemeinschaft unterscheidet sich die Kirche von ihrer sozialen Umgebung und grenzt sich in gewisser Weise von ihr ab. Auch dabei sind unterschiedliche Grade denkbar. Die Bedingungen für den Ein- und Austritt markieren die Abgrenzung. Dabei spielen nicht nur die rechtlich fixierten Mitgliedschaftsvoraussetzungen, sondern auch die soziale Praxis, die mehr oder weniger Teilnahme ermöglicht, eine wesentliche Rolle. In unterschiedlichem Maße kann auch Menschen, die keine Mitglieder sind, die Teilnahme am Leben der Gemeinschaft eröffnet werden (→ 1.3.3).

Im Außenverhältnis tritt die Kirche durch Kommunikation, wirtschaftliche und Rechtsbeziehungen in einen Austausch mit anderen Akteuren. Ihr Handeln kann sich in der Gesellschaft produktiv oder destruktiv auswirken. Sie wird von außen wahrgenommen und kann Zustimmung und Kritik erfahren.

1.1.1.2 Religion

Von anderen Gemeinschaften unterscheidet sich die Kirche dadurch, dass es bei ihr um Religion in einer bestimmten Ausprägung geht. Das Gemeinwesen wiederum muss sich auf eine Vielfalt von Religionen (und Weltanschauungen) einstellen. Problematisch erscheint dabei die begriffliche Erfassung von »Religion«. In der Religionswissenschaft werden eine ganze Reihe von Definitionsvorschlägen gemacht. Dabei lassen sich neben philosophischen und hermeneutischen vor allem substantialistische und funktionalistische Ansätze unterscheiden (Pollack 1995).

Substantialistische Ansätze suchen Religion durch die Angabe ihres Bezugsgegenstandes zu erfassen. Religion kann dann als Glaube an einen oder mehrere Götter, als erlebnishafte Begegnung mit dem Heiligen oder als Beziehung zu etwas übersinnlichem, transzendentem oder absolutem beschrieben werden. Das Problem dieser Ansätze besteht darin, dass der Begriff entweder zu eng oder zu weit gefasst ist, um alle Phänomene angemessen zu erfassen. Und diese Bestimmungen sind in hohem Maß vom Erleben der religiösen Subjekte abhängig.

Funktionalistische Ansätze setzen demgegenüber bei dem Problem an, das durch Religion bewältigt werden soll, beispielsweise der Stabilisierung des gesellschaftlichen Zusammenhalts, der Sozialisierung von Individuen oder deren Persönlichkeitsentwicklung. Diese Ansätze bergen das Problem, dass einerseits das Objektfeld damit zu weit gefasst und funktionale Äquivalente in den Blick kommen, die mit Religion nichts zu tun haben, dass andererseits Religionen polyvalent sind und nicht auf eine bestimmte Funktion reduziert werden können.

Leistungsfähiger erscheint eine Kombination substantialistischer und funktionalistischer Aspekte (Pollack 1995, 184–190). Dann kann Religion begriffen werden als eine Form der Bewältigung von Kontingenz durch den Bezug auf ein transzendentes Absolutes, d. h. durch einen Akt der Überschreitung der verfügbaren Lebenswelt. Kontingenz meint dabei, dass etwas so ist, wie es ist, und doch anders sein könnte. Die Erfahrung von Kontingenz wirft die Sinnfrage auf, die in der Religion durch die Verbindung von Transzendenz und Immanenz beantwortet wird.

Lebenspraktisch betrifft Religion Menschen emotiv, kognitiv und konativ:[1] sie ist mit starken Gefühlen wie Glück, Angst und Vertrauen verbunden; sie gibt Orientierung in der Selbst- und Weltwahrnehmung und dies vor allem in Grenzsituationen menschlichen Erlebens; und sie evoziert vielfältige Formen religiöser Praxis und prägt auch darüber hinaus das Handeln religiöser Individuen und Gemeinschaften. Religionsgemeinschaften sind der Ort gemeinsamen religiösen Lebens, an dem einzelne auch zu individueller Religiosität geführt und angeleitet werden (→ 1.5.3).

1.1.1.3 Kontext

Der gesellschaftliche Kontext, in dem sich die Kirche heute befindet, ist durch Prozesse der Individualisierung und Pluralisierung bestimmt (Fechtner 2017, 32–35; Knoblauch 2018; Liedhegener 2018; → 5.5). Die religiös-weltanschauliche Lage ist von einer Vielzahl an Optionen bzw. einer zunehmenden Diffusität und wenig distinkter Religiosität bestimmt. Die einst-

1 Vgl. Marks, Religionspsychologie (KomPT).

mals bestehende Vorherrschaft der christlichen Kirchen ist passé. Die enge Verbindung zwischen Staat und Kirche besteht nicht mehr. Stattdessen steht der Staat der Kirche als säkulare, religiös-weltanschaulich neutrale Ordnungsmacht gegenüber (→ 3.2).

1.1.2 Ekklesiologisch

Das Selbstverständnis der Kirche wird in der Ekklesiologie bestimmt. Mit dem Begriff »Kirche« wird eine äußerst komplexe Wirklichkeit bezeichnet. »Kirche ist die durch das Wort Gottes begründete Gemeinschaft der Glaubenden« (Härle 1989, 285). Diese Gemeinschaft kann unter verschiedenen Aspekten betrachtet werden. Ekklesiologisch ist zwischen der Kirche als geistlicher Gemeinschaft (→ 1.1.2.1), in ihrer leiblichen Gestalt (→ 1.1.2.2) und in ihrer jeweiligen geschichtlichen Realität (→ 1.1.2.3) zu unterscheiden.[2]

1.1.2.1 Kirche als geistliche Gemeinschaft

Unter dem Aspekt der geistlichen Gemeinschaft gehören der Kirche alle wahrhaft Gläubigen an. Von dieser Gemeinschaft ist in den altkirchlichen Bekenntnissen ausgesagt:

> »Credo ... et unam sanctam catholicam et apostolicam ecclesiam.« [Ich glaube ... auch eine heilige, allgemeine und apostolische Kirche.]

Die Einheit der Kirche geht darauf zurück, dass sich alle Glieder auf einen Herrn, einen Glauben und eine Taufe gründen. Die Heiligkeit der Kirche folgt daraus, dass die Gemeinschaft der Glaubenden als *communio sanctorum* zu Gott gehört. Die Allgemeinheit oder Katholizität gründet in dem unbeschränkten Heilswillen Gottes, der allen Menschen gilt. Die Apostolizität bezeichnet den Zusammenhang mit dem Zeugnis der Apostel.

Diese Attribute kommen der Kirche als geistlicher Gemeinschaft zu. Es geht dabei nicht um empirische, sondern um Glaubensaussagen. Welche Menschen zu den wahrhaft Gläubigen gehören, ist nicht offensichtlich. Die Kirche ist insofern als *ecclesia spiritualis* verborgene Kirche.

---

2 Vgl. Uhlhorn, Kybernetik (KomPT).

1.1.2.2 Kirche in ihrer leiblichen Gestalt

Die Kirche als geistliche Gemeinschaft setzt ihrem Wesen nach voraus, dass sie erfahrbar wird und leibliche Gestalt annimmt. Die konstitutiven Merkmale der leiblichen Gestalt der Kirche ergeben sich aus der Bestimmung der Kirche als der durch das Wort Gottes begründeten Gemeinschaft der Glaubenden. In Artikel 7 des Augsburgischen Bekenntnisses (Confessio Augustana – CA) wird die Kirche darum als Versammlung der Gläubigen bestimmt, »bei denen das Evangelium rein gepredigt und die heiligen Sakramente laut dem Evangelium gereicht werden«. Diese Aussagen beschreiben einen praktischen Vollzug, durch den die Kirche jeweils zu bestimmter Zeit und an bestimmtem Ort leibliche Gestalt gewinnt. Durch diese Grundvollzüge der Kommunikation des Evangeliums können Menschen zum Glauben kommen und so Anteil an der Kirche als geistlicher Gemeinschaft gewinnen (CA 5).

Die Bestimmung der Kirche nach CA 7 gilt universal, d. h. über alle zeitlichen und räumlichen Beschränkungen hinweg, denn die genannten Grundvollzüge sind konstitutiv für die Kirche und genügen zu ihrer wahren Einheit. Als Glieder der so bestimmten *ecclesia universalis* sind, da der Glaube menschlicher Überprüfung entzogen ist, alle anzusehen, die an der Kommunikation des Evangeliums Anteil haben. Dieses Anteilhaben verdichtet sich individuell in besonderer Weise in der Taufe, die darum als hervorgehobenes Merkmal der Zugehörigkeit zur Universalkirche angesehen werden kann.

1.1.2.3 Kirche in ihrer geschichtlichen Realität

In ihrer geschichtlichen Realität begegnet den Menschen die Kirche nicht schlechthin in ihrer leiblichen Gestalt, sondern stets in räumlicher und zeitlicher Konkretion als *ecclesia particularis.* Die Unterscheidung der verschiedenen Sozialgestalten der Kirchen ist prinzipiell temporal und zudem territorial und konfessionell bestimmt und unterliegt geschichtlichem Wandel.

In ihrer geschichtlichen Realität ist die Kirche menschlicher Gestaltung zugänglich und bedürftig (→ 1.1.3.2). Sie ist darum in gleicher Weise wie Menschen fehlsam. Insofern ist die Kirche Gerechte und Sünder zugleich (*simul iusta et peccatrix*) und darum *semper reformanda.* Die Präsenz der Kirche als geistlicher Gemeinschaft ist der Kirche in ihrer geschichtlichen Realität nur im Modus der Verheißung gegeben.

Einer bestimmten Partikularkirche gehören alle Menschen an, die ihr in bestimmter Weise zugeordnet sind. Im Bezug auf die Universalkirche wird in aller Regel an die Taufe angeknüpft. Entsprechend den konfessionellen und territorialen Merkmalen der Partikularität treten das Bekenntnis und der Wohnsitz als weitere Voraussetzungen hinzu (→ 4.3.2).

1.1.3 Kirchentheoretisch

1.1.3.1 Beschreibungsmodelle

Wendet man sich in kirchentheoretischer Perspektive der Kirche in ihrer geschichtlichen Realität und damit ihrer Sozialgestalt zu, fällt auf, dass hierzu in der Regel mehrere Beschreibungen nebeneinandergestellt werden. So hat schon Ernst Troeltsch (1912) die Sozialtypen Kirche, Sekte und Mystik unterschieden. Dietrich Rössler (1994, 90–94) hat herausgearbeitet, dass das Christentum in der Neuzeit als kirchliche Institution, als Christlichkeit in der gesellschaftlichen Öffentlichkeit und schließlich als individuelles oder privates Christentum in Erscheinung tritt. Damit kommen neben der verfassten Kirche Formen der Zivilreligion ebenso in den Blick wie individualisierte religiöse Praxis.

Im Hinblick auf die kirchliche Gestalt des Christentums kommen neuere kirchentheoretische Entwürfe wiederum dazu, verschiedene Beschreibungen miteinander zu kombinieren. So behandelt Reiner Preul (1997, 128–241) die Kirche als Institution, Volkskirche und Organisation. Eberhard Hauschildt und Uta Pohl-Patalong (2013, 216–219) beschreiben die Kirche als »Hybrid« von Institution, Organisation und Bewegung, während Jan Hermelink (2011, 89–123) in seinen mehrdimensionalen Begriff der Kirche Momente der Organisation, der Institution, der Interaktion und der Inszenierung aufnimmt. Schon ein oberflächlicher Vergleich dieser Konzepte zeigt, dass die Begriffe der Institution und der Organisation zentrale Bedeutung haben (Ludwig 2010), sich die Beschreibungen für das, was an der Kirche über diese Begriffe hinausgeht, jedoch unterscheiden. Während der Begriff der Institution in der Soziologie zwar breite Verwendung findet, aber kaum geklärt ist (Esser 2000, 1), bietet der Begriff der Organisation für die Bestimmung des Verhältnisses von Kirche und Recht gute Anknüpfungsmöglichkeiten.

1.1.3.2 Kirche als Organisation

Mit ihrer Organisationsgestalt reagiert die Kirche auf die Herausforderung, die sich aus ihrer geschichtlichen Realität (→ 1.1.2.3) ergibt. Diese ist davon bestimmt, dass unter Bedingungen der Endlichkeit ein Überschuss an Möglichkeiten bewältigt werden muss. Um in einer komplexen, sich ständig wandelnden Umwelt handlungsfähig zu sein, muss die Kirche eigene Komplexität aufbauen, d. h. sie muss sich aufgrund eigener Kriterien von ihrer Umwelt unterscheiden und bestimmen, in welcher Weise sie sich den Umwelteinflüssen aussetzt. Nur so ist sie der äußeren Komplexität nicht ungebremst ausgeliefert, sondern in der Lage, der Umwelt das entgegenzuhalten, was für sie als Kirche wesentlich ist.

Zur geschichtlichen Realität gehört außerdem, dass die Einsichtsfähigkeit der Akteure begrenzt ist, dass Wertungen umstritten sind und Konsens über das kirchliche Handeln nicht immer erzielt werden kann. Durch geordnete Entscheidungen erhält die Kirche ihre Handlungsfähigkeit angesichts des bestehenden und nicht ohne weiteres zu überwindenden Dissenses über das, was als kirchliches Handeln gemeinschaftlich verantwortet werden soll.

Die notwendige eigene Komplexität wird vor allem durch die Bildung von Organisationen aufgebaut (Luhmann 1999; Luhmann 2000). Damit wird es auch möglich, nicht von der Kirche schlechthin (also der *ecclesia universalis*), sondern von verfassten kirchlichen Organisationen (*ecclesiae particulares*) zu sprechen. Die *ecclesia universalis* ist nicht als solche handlungsfähig, sondern nur in Gestalt der partikularen kirchlichen Gemeinschaften. Eine umfassende Organisation für die ganze Kirche erscheint ja schon deswegen ausgeschlossen, weil die Kirche nach CA 7 überall zu finden ist, wo ihre Grundvollzüge stattfinden, und dies zur wahren Einheit der Kirche ausreichend ist; dies kann also stets auch neben einer noch so umfassenden kirchlichen Organisation geschehen.

Wesentlich für eine Organisation ist, dass Entscheidungen getroffen werden und zwar sowohl die Entscheidungen »in der Sache« wie auch die Entscheidungen über deren Prämissen. D. h. jede Entscheidung wird (1) aufgrund eines vorgegebenen Entscheidungsprogramms (2) von einer bestimmten Person (3) an einer bestimmten Stelle innerhalb der Organisation, also im Knotenpunkt bestimmter Kommunikationswege getroffen. Durch die vorgängige Entscheidung über Entscheidungsprämissen wird die Akzeptanz von Entscheidungen stabilisiert, und die Organisation gewinnt Autonomie gegenüber ihrer Umwelt. Sie trifft für eine unbestimmte Vielzahl von Entscheidungen Festlegungen, absorbiert so Unsicherheit und eröffnet zugleich Entscheidungs- und damit Handlungsmöglichkeiten (Luhmann 2000, 223–228). Das Medium, in dem Entscheidungen getroffen und verbindlich werden können, ist das Recht (→ 3.1).

1.1.3.3 Grenzen der Organisation

Keine Organisation erschöpft sich in dem, was an ihr als Organisation beschrieben werden kann. Innerhalb von Organisationen findet stets auch Kommunikation statt, die nicht in das Organisationsschema eingefügt und zum Gegenstand von Entscheidungen gemacht werden kann (Luhmann 2000, 239–249). Dabei lässt sich folgende Unterscheidung treffen: (1) Zum einen kann solche Kommunikation helfen, das Organisationshandeln voranzubringen, indem es zwar nicht von vornherein auf dieses gerichtet ist, letztlich aber in solches einmündet. (2) Zum anderen trägt solche Kommunikation zur Organisationskultur bei und wirkt sich so mittelbar auf das Organisationsergebnis aus. (3) Und schließlich kann der Sinn einer Organisation gerade darin bestehen, nicht-organisierbares zu ermöglichen. Dies gilt vor allem für Organisationen im Bereich der Bildung und Kultur, in besonderer Weise aber auch für die Kirche (Schlamelcher 2018, 496f.).

Generell ist für Religionsgemeinschaften ein gewisser Widerspruch zur Sozialform Organisation festzustellen (Schlamelcher 2018). Je nach theoretischem Ansatz geht es bei Organisationen um rationale Zielverfolgung, um Entscheidungen, um strukturierte Einbindung, um definierte Mitgliedschaft, um die Wahrnehmung bestimmter Rollen, hinter denen die Person zurücktritt. In der Religion geht es hingegen um Glauben, der die ganze Person betrifft, um Gemeinschaft, um Kommunikation in unterschiedlicher, oft auch sehr freier Weise. Eine religiöse Organisation kann dies nicht ersetzen. Es ist vielmehr ihre Aufgabe, dies, was selbst nicht organisationsförmig ist, zu ermöglichen und zu befördern. Jedenfalls wird eine religiöse Gemeinschaft nicht vollständig als Organisation in Erscheinung treten.

1.2 Systematik kirchlichen Handelns

Die Organisation der Kirche ist kein Selbstzweck, sondern dient dem kirchlichen Handeln, durch das die Kirche als solche existiert (→ 1.1.2.2). Dieses Handeln erweist sich als außerordentlich vielfältig. Wie es zusammengehört, kann im Wege einer Systematisierung der verschiedenen Handlungsfelder plausibilisiert werden (Munsonius 2015, 49–52). Dazu soll zwischen den Konstitutiva (→ 1.2.1) und Vitalia (→ 1.2.2) sowie dem disponierenden Handeln (→ 1.2.3) unterschieden werden. Das kirchenleitende Handeln tritt als Querschnittsaufgabe hinzu (→ 1.2.4).

1.2.1 Konstitutiva

Das Handeln der Kirche ist nicht auf Beliebiges gerichtet, sondern darauf, das zu tun, wodurch die Kirche leibliche Gestalt gewinnt. *Konstitutiv* für das Sein der Kirche sind die Vollzüge der Kommunikation des Evangeliums, die darauf gerichtet sind, Glauben zu wecken und zu stärken. Durch diese Vollzüge wird die Kirche überhaupt erst zur Kirche und unterscheidet sich von anderen Organisationen und Gemeinschaften. Dabei kann zwischen einer allgemeinen und einer individuellen Zielrichtung unterschieden werden. Dem entsprechen die Formen des *Gottesdienstes*, der prinzipiell öffentlich stattfindet, der *Amtshandlungen*, die einen individuellen Kasus öffentlich begehen, und der *Seelsorge*, die individuell und unter Ausschluss der Öffentlichkeit stattfindet (→ 4.5).

1.2.2 Vitalia

Aus dem durch die Kommunikation des Evangeliums erwachsenden Glauben entwickelt sich Weiteres. Die Glaubensgemeinschaft ist auch Gemeinschaft der Liebe und Handlungsgemeinschaft. Sie erschöpft sich nicht in genuin kirchlichen Vollzügen, sondern bildet auch Formen einer allgemeinen Geselligkeit aus. Und der lebendige Glaube bringt gute Werke hervor (CA 6). Die guten Werke sind Ausdruck einer lebendigen Kirche, weshalb sie hier auch als *Vitalia* bezeichnet werden. Die entsprechenden Tätigkeiten sind so vielfältig, wie menschliche Lebenssituationen sein können. Systematisierend kann man zunächst wieder danach unterscheiden, ob es um ein Handeln an einzelnen Menschen oder um ein Wirken in der Öffentlichkeit geht. Im Hinblick auf das Handeln am Einzelnen kann noch einmal unterschieden werden, ob es sich um die Hilfe angesichts äußerer Nöte oder um die Förderung der Persönlichkeitsentwicklung geht. So ergeben sich die Felder des *Bildungshandelns*, der *Diakonie* und des *Öffentlichkeitsauftrags* der Kirche (→ 4.6).

Für die Vitalia ist charakteristisch, dass sich die Kirche hier auf einem Feld betätigt, auf dem auch andere Akteure zu finden sind, und dass sich diese Vollzüge nicht als allein christlich erweisen lassen (Moos 2013, 264). Daraus ergibt sich zum einen die Notwendigkeit, das spezifisch Kirchliche der Arbeit erkennbar zu machen, zum anderen können sich Spannungen zwischen den allgemeinen Handlungsbedingungen und der aus dem Glauben gespeisten Motivation ergeben.

1.2.3 Disponierendes Handeln

Konstitutives und vitales Handeln der Kirche ist von personellen, sächlichen und organisatorischen Voraussetzungen abhängig. Diese Ressourcen bereitzustellen, ist Gegenstand des *disponierenden Handelns.* Dieses geschieht nicht um seiner selbst, sondern um des übrigen kirchlichen Handelns willen. Es unterscheidet sich für sich genommen zunächst nicht vom entsprechenden Handeln anderer Organisationen. Die Kirche ist auf diesem Feld in vielfältiger Weise in wirtschaftliche Zusammenhänge eingebunden und den dort geltenden Gesetzen unterworfen.

Bei den personellen Voraussetzungen geht es um die Gewinnung, Beschäftigung und wirtschaftliche Sicherung von Mitarbeitern (→ 4.3). Die sächlichen Voraussetzungen erfassen die Beschaffung von Material und Unterhaltung von Gebäuden (→ 4.7). Organisatorisch geht es um die Strukturen und Verfahren, in denen kirchliches Handeln stattfindet (→ 4.2 und 4). Zum disponierenden Handeln gehören schließlich die Vermögensverwaltung und die Finanzwirtschaft (→ 4.7).

1.2.4 Kirchenleitung

Es liegt auf der Hand, dass ein so vielfältiges kirchliches Handeln, an dem so viele Menschen beteiligt sind und das so unterschiedlich in Lebensverhältnisse eingebettet ist, nicht ohne Weiteres ins Werk gesetzt werden kann und ohne Konflikte abläuft. Handlungen müssen koordiniert und Konflikte reguliert werden. Eine Querschnittsdimension stellt darum das kirchenleitende Handeln dar, das darauf gerichtet ist, das Handeln in den drei genannten Feldern zu gestalten und zu ordnen. An ihm nehmen alle teil, die auf die Gestaltung der Kirche Einfluss nehmen (→ 1.4). Dafür gibt es besondere Zuständigkeiten und Verfahren, in denen sich die Beteiligten auseinandersetzen und verständigen. Die Entscheidungen, die dabei getroffen werden, haben Rechtscharakter (→ 3.1): Sie halten verbindlich fest, welches kirchliche Handeln stattfinden und wie dies umgesetzt werden soll. Jeder Beteiligte weiß damit, welches Verhalten von ihm erwartet wird und was er von den anderen berechtigterweise erwarten darf.

1.2.5 Zusammenhang kirchlichen Handelns

Die Abgrenzung zwischen den einzelnen Feldern kirchlichen Handelns mag im Einzelfall umstritten sein. Auch sind die Übergänge zuweilen fließend. Neben der Unterscheidung ist darum ebenso der Zusammenhang zu beachten. Damit die Vitalia als Kennzeichen der Kirche erkannt werden können, muss immer wieder deutlich werden, dass sie aus dem durch die Konstitutiva begründeten Glauben gespeist werden. Bei dem an sich gleichgültigen disponierenden Handeln bleibt festzuhalten, dass auch dies insofern als kirchliches Handeln anzusehen sind, als es nicht beliebig, sondern auf die Konstitutiva und Vitalia bezogen ist. Ihm eignet damit gleichermaßen eine geistliche Dimension. Die Kirchlichkeit eines Handlungsfeldes geht jedoch verloren, wenn dieser Zusammenhang nicht mehr erkennbar ist.

1.3 Beteiligung am kirchlichen Handeln

Für die Beteiligung am kirchlichen Handeln sind vor allem die Konzepte des Allgemeinen Priestertums (→ 1.3.1) und der Dienstgemeinschaft (→ 1.3.2) relevant.

1.3.1 Allgemeines Priestertum und Amt

Das Allgemeine Priestertum wird nach reformatorischer Lehre den Menschen durch die Taufe zugeeignet und im Glauben angeeignet. Es vermittelt zum einen die Priesterwürde, in unmittelbare Gemeinschaft mit Gott berufen zu sein und sich im Gebet an ihn wenden zu können. Zum anderen ist damit der Priesterdienst verbunden, den alle Christen sich gegenseitig leisten sollen durch Bezeugung des Evangeliums, Fürbitte, Seelsorge und Beichte (Härle 1996).

> »Alle Christen sind wahrhaft geistlichen Standes, und ist unter ihnen kein Unterschied dann des Amts halben allein. ... Demnach so werden wir allesamt durch die Taufe zu Priestern geweiht. ... Was aus der Taufe gekrochen ist, das mag sich

rühmen, dass es schon Priester, Bischof und Papst geweiht sei, obwohl es nicht jedem ziemt, dieses Amt auch auszuüben« (Luther 1520, 407f.).

Darum gibt es in der evangelischen Kirche auch kein zentrales Lehramt. Die Verantwortung für die Lehre der Kirche ist allen Kirchengliedern gemeinsam anvertraut (→ 1.4.2).

Die Lehre vom Allgemeinen Priestertum schließt nicht aus, dass besondere kirchliche Ämter ausgeprägt werden. Dies geschieht vielmehr um des Allgemeinen Priestertums willen. Denn dessen Grundlage sind Taufe und Glaube, um derentwillen Verkündigung und Sakramentsfeier stattzufinden haben. Um diese Grundvollzüge quantitativ und qualitativ zu gewährleisten, ist es angezeigt, Menschen mit entsprechender Eignung und Befähigung auszuwählen und besonders zu beauftragen. In CA 14 ist dazu festgehalten:

»Vom Kirchenregiment (kirchlichen Amt) wird gelehrt, dass niemand in der Kirche öffentlich lehren oder predigen oder die Sakramente reichen soll ohne ordnungsgemäße Berufung [nisi rite vocatus].«

Der Unterschied zwischen dem besonderen Amt und dem Allgemeinen Priestertum besteht nicht in der Funktion, sondern allein in der Öffentlichkeit seiner Ausübung. Damit ist nicht so sehr gemeint, dass dieses Amtshandeln prinzipiell allen gilt, sondern vor allem, dass es im Namen der Gemeinschaft, also der Kirche, geschieht (Herms 2010, 198f.). Um der so verstandenen Öffentlichkeit des Predigtamtes willen bedarf es einer besonderen Berufung (Ordination) und Aufsicht (Visitation) für dieses Amt. Dies ist die (gegenüber dem Verkündigungshandeln sekundäre) Funktion der Episkopé, die traditionell durch Bischöfe wahrgenommen wird, aber auch kollegial organisiert werden kann.

Das Verhältnis von Allgemeinem Priestertum und ordiniertem Amt ist im 19. Jh. durch zwei gegensätzliche Theorien bestimmt worden (Körtner 2004): Nach der *Stiftungstheorie* ist das Amt auf eine unabhängig vom allgemeinen Priestertum gegebene unmittelbare Stiftung Gottes zurückzuführen; hier wird das Gegenüber von Amt und Gemeinde betont. Nach der *Übertragungstheorie* ergibt sich das Amt aus einer geordneten Übertragung auf der Grundlage des Allgemeinen Priestertums. Für die Stiftungstheorie kann insbesondere auf CA 5 rekurriert werden, wonach Gott das Predigtamt eingesetzt hat. Aus dem Zusammenhang mit CA 4 wird jedoch deutlich, dass hier die Funktion gemeint ist, d. h. es muss gepredigt werden, damit Menschen Glauben erlangen können. Eine besondere Amtsrolle wird erst durch CA 14 eingeführt. Die Unterscheidung von Funktion nach CA 5 und Amtsrolle nach CA 14 spricht allem Anschein nach für die Übertragungstheorie. Die Stiftungstheorie birgt hingegen die Gefahr einer kryptokatholischen Klerikalisierung des Pfarrerstandes. Ihre *particula veri* besteht darin, dass das Vorhandensein und bestimmte Grundstrukturen eines Verkündigungsdienstes nicht im Belieben der Kirche stehen, sondern für sie konstitutiv sind. Doch dies wird auch von der Übertragungstheorie vorausgesetzt.

1.3.2 Dienstgemeinschaft

Das durch CA 5 und 14 begründete Amt ist unmittelbar auf die konstitutiven Vollzüge bezogen. Die Vielgestalt des kirchlichen Handelns erfordert jedoch die Beteiligung weiterer Mitarbeiter mit verschiedenen Aufgaben im Haupt-, Neben- oder Ehrenamt, wobei in den verschiedenen Handlungsfeldern prinzipiell alle Formen der Mitarbeit gleichermaßen möglich sind. Für das Zusammenwirken aller, die am kirchlichen Handeln teilnehmen, ist der Gedanke der Dienstgemeinschaft leitend (Munsonius 2013a). Er ist in der zweiten Hälfte des 20. Jh. entwickelt worden, um die Besonderheiten des kirchlichen Arbeitsrechts zu begründen. Er muss aber konsequenterweise auf alle Beteiligten unabhängig von der Art ihres Dienstverhältnisses bezogen werden.

Eine prominente Beschreibung der Dienstgemeinschaft findet sich in der Präambel des Mitarbeitervertretungsgesetzes der EKD:

> »Kirchlicher Dienst ist durch den Auftrag bestimmt, das Evangelium in Wort und Tat zu verkündigen. Alle Frauen und Männer, die beruflich in Kirche und Diakonie tätig sind, wirken als Mitarbeiterinnen und Mitarbeiter an der Erfüllung dieses Auftrages mit. Die gemeinsame Verantwortung für den Dienst der Kirche und ihrer Diakonie verbindet Dienststellenleitungen und Mitarbeiter wie Mitarbeiterinnen zu einer Dienstgemeinschaft und verpflichtet sie zu vertrauensvoller Zusammenarbeit.«

Das Zusammenwirken mit anderen Menschen erscheint als Dienstgemeinschaft aus der Perspektive des Glaubens heraus. Die eigene Tätigkeit wird nicht bloß als Erfüllung einer bestimmten Funktion oder als »Job« angesehen, sondern als Beitrag zu einem umfassenden Handeln, das seinen Ausgang und Rückhalt im Schöpfungs- und Erhaltungshandeln Gottes findet. In dieser Perspektive ist die Dienstgemeinschaft von der Verpflichtung auf den gemeinsamen Auftrag, gegenseitigem Vertrauen und der Nivellierung von Machtdifferenzen bestimmt. Sie stellt sich damit als ein ausgesprochen anspruchsvolles Konzept dar, dessen Umsetzung immer wieder an Grenzen stößt.

Wenn der Glaubensbegriff der Dienstgemeinschaft in einen Rechtsbegriff transformiert wird, entsteht eine produktive Paradoxie (→ 3.3.2.2). Während das Recht strukturell darauf angelegt ist, Rechtspositionen zu klären und notfalls gegenüber anderen Standpunkten durchzusetzen, fordert die Dienstgemeinschaft, die Beziehungen untereinander nicht auf einen rechtsförmigen Umgang mit der Behauptung und Bestreitung von Rechtspositionen zu reduzieren. Damit ist jedem Beteiligten aufgegeben, nicht nur das eigene Recht zu vertreten, sondern zugleich das Recht des anderen zu achten und zu wahren. Das Leitbild der Dienstgemeinschaft bewirkt so zugleich eine Bestärkung von Rechtspositionen und ihre Relativierung – auf allen Seiten. Es ermöglicht außerdem, die Bedürfnisse derer einzubeziehen, denen das kirchliche und diakonische Handeln dienen soll (→ 1.3.3). Die Dienstgemeinschaft bewirkt damit eine Horizonterweiterung und eröffnet Beziehungsreichtum.

Dieses im Glauben begründete Leitbild der Dienstgemeinschaft kann in der stets gegebenen Praxissituation endlicher Freiheit nicht einfach umgesetzt werden. Es steht immer wieder in Spannung zu den Rahmenbedingungen seiner Verwirklichung. Denn unter Knappheitsbedingungen müssen Ziele stringent formuliert, Kooperationsformen sanktioniert und Entscheidungen auch mit Wirkung für andere getroffen werden. Die Realität der Dienstgemeinschaft ist damit immer auch von Scheitern und Schuld begleitet, wie dies für jede Sozialgestalt der Kirche Jesu Christi gilt. Ihr sind aber ebenso Vergebung und Versöhnung verheißen.

1.3.3 Teilhabemodi

Am kirchlichen Handeln können Menschen in ganz unterschiedlicher Weise teilhaben. Systematisch lassen sich fünf Teilhabemodi unterscheiden (Munsonius 2014, 263f.):

(1) *Rezeptive Teilnahme.* Wenn auch nur rezeptiv, hat derjenige am kirchlichen Handeln Anteil, an dem dieses Handeln vollzogen wird. Das kirchliche Handeln ist, zumal in seinen konstitutiven und vitalen Vollzügen, darauf gerichtet, nach außen und zum Wohl von Menschen tätig zu werden, setzt also in aller Regel rezeptive Teilnahme voraus – und zwar von Getauften wie von Ungetauften.

(2) *Produktive Teilnahme.* Wie für jedes Handeln ist auch für das kirchliche konstitutiv, dass es von Menschen durchgeführt wird, die damit produktiv am kirchlichen Handeln teilnehmen (→ 4.3.3–5). Ob für die produktive Teilnahme

am kirchlichen Handeln die Taufe bzw. Kirchenmitgliedschaft erforderlich ist, ist umstritten, kann für verschiedene Tätigkeiten unterschiedlich zu beurteilen sein und bedarf kirchenleitender Entscheidung.

(3) *Kirchenleitung.* Kirchliches Handeln ist nicht das isolierte Handeln einzelner, sondern findet in vielfacher Weise und unter mannigfacher Beteiligung statt. Darum tut eine Verständigung und verbindliche Entscheidung über das kirchliche Handeln not. Dies ist die Funktion der Kirchenleitung (→ 1.4). Prinzipiell wird man annehmen müssen, dass für die formale Teilnahme an der Kirchenleitung Kirchenmitgliedschaft erforderlich ist. Es bleibt zu diskutieren, inwiefern eine begrenzte Teilnahme anderer Personen, möglich ist (Munsonius 2014, 274).

(4) *Verantwortungsgemeinschaft: Partikularkirche.* Die Verständigung über das kirchliche Handeln (Kirchenleitung) ist von der Verantwortlichkeit dafür zu unterscheiden. Diese liegt bei den verfassten Partikularkirchen, die als Körperschaften ausgebildet sind, verlässliche Entscheidungs- und Handlungsstrukturen ausgebildet haben und dafür sorgen, dass die notwendigen Ressourcen bereitstehen. Hierbei kommen hauptsächlich die Landeskirchen (→ 4.2.3) als rezeptionsautonome Körperschaften in Betracht, aber ebenso die kirchlichen Untergliederungen und Zusammenschlüsse, die jeweils, soweit ihre Zuständigkeit reicht, die Verständigung über das kirchliche Handeln verantworten und hierüber verbindliche Entscheidungen treffen (→ 4.2). Zu einer Partikularkirche gehört man in der Form der Kirchenmitgliedschaft als eines Rechtsverhältnisses (→ 4.3.2).

(5) *Zurechnungsgemeinschaft: Universalkirche.* Das kirchliche Handeln ist Ausdruck der leiblichen Gestalt der Kirche in ihrer geschichtlichen Realität. Das Zurechnungsendsubjekt alles kirchlichen Handelns ist folglich die Universalkirche, d. h. die Gemeinschaft aller Getauften, die durch die Partikularkirchen repräsentiert wird.

1.4 Theorie der Kirchenleitung

Das kirchenleitende stellt eine Querschnittsdimension des kirchlichen Handelns dar (→ 1.2.4) und bedarf besonderer Betrachtung. Für eine Theorie der Kirchenleitung lohnt es sich, an Schleiermachers Entwurf in der »Kurzen Darstellung des theologischen Studiums« anzuknüpfen (Schleiermacher 1811/30; Härle 2010).

1.4.1 Kirchenleitung nach Schleiermacher

Schleiermacher identifiziert unterschiedliche Beteiligte, die auf die Gestalt der Kirche einwirken und miteinander in Beziehung stehen. Dabei stellt er primär auf die jeweils ausgeübten oder auszuübenden Funktionen, nicht auf bestimmte Amtspositionen ab. Leitender Gesichtspunkt ist das »Zusammenstimmen« der unterschiedlichen Beteiligten. Damit ist gemeint, dass polare Elemente einander so zugeordnet werden, dass es weder zu einer Identität, noch zu einem Antagonismus zwischen ihnen kommt, sondern eine produktive Spannung entsteht.

1.4.1.1 Mitteilende und Empfangende

Für das Phänomen der Kirchenleitung ist der Unterschied zwischen Mitteilenden und Empfangenden konstitutiv, der sich in jeder Religionsgemeinschaft ausbildet. Die Mitteilenden nehmen an der Kirchenleitung teil, indem sie auf die religiöse Kommunikation Einfluss nehmen. Das schließt ein, dass zwischen Mitteilenden und Empfangenden Wechselbezüglichkeit besteht, die als »Umlauf« bezeichnet wird. Niemand ist ausschließlich mitteilend oder empfangend. »[A]uch bei der größten Ungleichheit muß doch Empfänglichkeit Allen zukommen« (Schleiermacher 1830, § 278). Die Masse der überwiegend Empfangenden nimmt zwar nicht an der Kirchenleitung teil, weil es an einer besonnenen Einwirkung auf das Ganze fehlt. Sie beeinflusst dennoch das kirchenleitende Handeln, indem sie die Hervorragenden zur Mitteilung auffordert. Dies geschieht durch religiöse Praxis und die Manifestation von Bedürfnissen nach religiöser Bildung. Zur reineren Darstellung einer Religion müssen die Hervorragenden auf solche Bedürfnisse durch Mitteilung reagieren. Das Spannungsverhältnis von Produktivität und Rezeptivität ist das Movens für die »lebendige Circulation« als die kommunikative Wechselseitigkeit der Religionsgenossen.

1.4.1.2 Kirchendienst und -regiment

Die religiöse Kommunikation findet in zeitlicher und örtlicher Konkretion statt. Darum wird der Gegensatz zwischen Mitteilenden und Empfangenden zunächst in räumlich begrenzten Gemeinden ausgebildet. Dies ist der Wirkungskreis des Kirchendienstes. Kirchliche Gemeinschaft erschöpft sich jedoch nicht in den Einzelgemeinden, sondern es soll zu einer Verbindung zwischen ihnen kommen. Die auf diesen Zusammenhang gerichtete Leitungstätigkeit ist die Funktion des Kirchenregiments.

Die Funktion des *Kirchendienstes* setzt voraus, dass wenigstens für bestimmte Situationen feststeht, wer mitteilend wirksam werden soll. Anderenfalls gäbe es nur Verwirrung. Mit dieser Ausdifferenzierung ist noch nicht eine bestimmte Amtsstruktur verbunden. So muss die Wahrnehmung dieser Funktion nicht zwangsläufig einem besonderen Klerikerstand vorbehalten sein. Die Tätigkeit des Kirchendienstes kann als »erbauende«, die auf Erweckung und Belebung des frommen Bewusstseins, und »regierende«, die auf die Ausrichtung der Lebensführung gerichtet ist, unterschieden werden.

Das *Kirchenregiment* hat die Funktion, den Zusammenhang zwischen den Einzelgemeinden zu befördern und damit auch jeden einzelnen in eine Beziehung zur Einheit der Kirche zu setzen. Diese Funktion nimmt es in drei Dimensionen wahr: (1) Zum einen wirkt das Kirchenregiment nach innen und setzt die notwendigen Vorgaben für den Kirchendienst. Hierzu gehören die Ordnung des Verhältnisses zwischen Mitteilenden und Empfangenden, des Kultus, des Verhältnisses zwischen einzelnen und der Gemeinde und die gemeinsame Ordnung für alle Gemeinden. (2) Als eine bestimmte neben anderen Formen menschlicher Gemeinschaft bedarf eine Kirche der Gestaltung ihrer Außenbeziehungen zu Staat, Wissenschaft, allgemeiner Geselligkeit und anderen Kirchen. (3) Schließlich hat das Kirchenregiment seine eigene Gestaltung zum Gegenstand. Es geht darum, in welcher Weise die Aufgaben des Kirchenregiments wahrzunehmen sind, also um Zuständigkeiten und Verfahren für die Gestaltung der inneren Verhältnisse, der Außenbeziehungen und wiederum des Kirchenregiments selbst. Die Kirche wird damit als selbstreferentielles, autopoietisches System begriffen.

Während der Kirchendienst unmittelbar auf die religiöse Kommunikation gerichtet ist, hat das Kirchenregiment die Gemeinschaft zum Gegenstand, die durch die religiöse Kommunikation gebildet wird. Dem Kirchendienst kommt damit ein sachliches *Prae* zu. Die Pointe besteht allerdings in der wechselseitigen Bezogenheit und Beeinflussung von Kirchendienst und -regiment. Beide befördern die Zielsetzung aller Kirchenleitung: reinere Darstellung und geschichtliche Relevanz des Christentums.

1.4.1.3 Gebundenes und freies Element

Innerhalb des Kirchenregiments unterscheidet Schleiermacher das gebundene und das freie Element. Das gebundene Element besteht in der rechtlich verfassten kirchlichen Autorität. Das freie Element, auch als freie Geistesmacht bezeichnet, besteht in der Einwirkung auf das Ganze, die jedem Mitglied der Kirche möglich ist. Die kirchliche Autorität hat die Aufgabe, zu ordnen und zu beschränken. Ihr stehen die verfassungsmäßigen Wirkmöglichkeiten zur Verfügung wie Kirchenzucht, Maßregelung oder Steuerung von Finanzzuweisungen. Demgegenüber kann die freie Geistesmacht innovatorisch, aufregend und warnend wirken. Sie kann letztlich nur durch Überzeugungskraft auf die Gestaltung der Kirche einwirken. Schleiermacher denkt hier insbesondere an die akademische Theologie und die kirchliche Publizistik, räumt diese Wirkungsmöglichkeit jedoch grundsätzlich jedem ein. Auch hier sieht er den Idealfall darin, dass gebundenes und freies Element zwar unterschieden, aber in ihrem relativen Gegensatz möglichst lebendig aufeinander bezogen werden.

1.4.2 Geistliche Leitung

Zur Kirchenleitung wird einhellig ein Moment der »geistlichen Leitung« gezählt, wenn auch kein konsentiertes Konzept vorhanden ist, was darunter zu verstehen sei. Es scheint allerdings kurzschlüssig, geistliche Leitung auf bestimmte Vollzüge oder Personengruppen einzuschränken. Darum soll hier geistliche Leitung als ein Aspekt verstanden werden, der bei allem Leitungshandeln relevant ist (Munsonius 2019, 50). Es kommt stets darauf an, die geistliche Dimension kirchlichen Handelns zu berücksichtigen und sich im Leitungshandeln der Wirklichkeit Gottes auszusetzen (Wegner 2007).

Die Wirklichkeit Gottes ist der Welt nach christlicher Grundüberzeugung letztgültig in der Person Jesu Christi erschlossen. Durch sein Leben und Geschick ist offenbar geworden, »was es mit Gott auf sich hat«. Das Zeugnis davon ist in der Bibel überliefert. Geistliche Leitung stellt sich darum als ein hermeneutischer Prozess auf der Grundlage der biblischen Schriften dar. Diese *Schriftbindung* sichert die materiale geistliche Dimension kirchlichen Handelns. Aus dem Umstand, dass die Bibel als ein Kanon von Schriften gegeben ist, ergeben sich einige interessante Konsequenzen (Assmann 2004; Lauster 2008, 54–57):

- *Abgeschlossenheit.* Kanonbildung bedeutet, dass aus einem breiten Bestand an überlieferten Texten eine Auswahl stattfindet. Der Umfang eines Kanons ist zwar stets auch umstritten. Der Idee nach bietet er aber einen abgeschlossenen Bestand von Texten, von denen nichts genommen und denen nichts hinzugefügt werden soll (Dtn 4,2).

- *Pluralität.* Der Kanon besteht aus einer Vielzahl von Texten, deren Aussagen nicht ohne weiteres miteinander harmonieren. Der Kanon ist plural und diese Pluralität ist offensichtlich gewollt (H. von Campenhausen 2003).
- *Aktualität.* Im Leben der Kirche wird dem Kanon als Heiliger Schrift Bedeutung für die Gegenwart zugemessen. Der historische Textbestand ist die Quelle fortdauernder Vergegenwärtigung. Dabei geht es um eine zweiseitige Hermeneutik: Es geht zugleich um das Verständnis der Schrift und um das Verständnis der je gegenwärtigen Situation im Lichte der durch die Schrift bezeugten göttlichen Wirklichkeit.

Die Abgeschlossenheit, die Pluralität und die Aktualität des Kanons provozieren seine stets erneute Auslegung. Nur so vermag sich die Verbindlichkeit der Schrift zu entfalten (Dohmen 2006). Dabei reicht die Berufung auf Normativität nicht aus, sondern es bedarf der *Überzeugungskraft* einer Interpretation. Dieser Modus der Verbindlichkeit soll als *Diskurs* bezeichnet werden.

Dass geistliche Leitung in stets erneuter und nicht abschließbarer Interpretation der Bibel geschieht, hat Folgen für ihre prozedurale Gestaltung und erzeugt ein spezifisches Problem. Denn der hermeneutische Diskurs kann weder der Sache nach, noch zeitlich oder personell oder in seiner Form beschränkt werden. Dies liegt nicht zuletzt daran, dass es dabei um die Wirklichkeit Gottes geht.

- Die Wirklichkeit Gottes, der als »Schöpfer des Himmels und der Erde« bekannt wird, ist allumfassend. Diese Einsicht ist Implikat eines konsequenten Monotheismus. Die Wirklichkeit Gottes ergreift darum auch das Leben der Gläubigen umfassend.
- Die Wirklichkeit Gottes erschließt sich immer wieder neu. Im Alten Testament offenbart sich Gott kontinuierlich in der Geschichte seines auserwählten Volkes, im Neuen Testament in der Geschichte Jesu und fortan in der Aktualisierung des so fundierten Glaubens an den dreieinigen Gott, der sich immer wieder neu durch das Wirken des Heiligen Geistes vergegenwärtigt.
- Die Wirklichkeit Gottes ist prinzipiell allen Menschen zugänglich, und alle können an der diskursiven Erschließung dieser Wirklichkeit mitwirken. Die Verantwortung für die Lehre ist allen Kirchengliedern gemeinsam anvertraut (→ 1.3.1). Statt Hierarchie waltet prinzipiell *Egalität.*

- Und schließlich ist der hermeneutische Diskurs nicht auf bestimmte Formen festgelegt. Die Auseinandersetzung mit der Wirklichkeit Gottes kann in höchst unterschiedlicher Weise, in Wissenschaft, Predigt und Gespräch, im Ritus und in allen Künsten, stattfinden. Es herrscht *formale Variabilität.*

Geistliche Leitung ist damit als Diskurs durch Egalität, Schriftbindung, formale Variabilität und Überzeugungskraft bestimmt. Es bleibt jedoch die Frage, wie dieses Moment aller Kirchenleitung in der Kirche als Organisation wirksam werden kann (→ 3.3.3).

1.5 Bedeutung des Rechts für das kirchliche Handeln

Die Bedeutung, die das Recht für die Kirche hat, ergibt sich in drei Hinsichten. Dabei geht es um die kircheneigenen Ordnungsaufgaben (→ 1.5.1), um die Teilnahme der Kirche am allgemeinen Rechtsverkehr (→ 1.5.2) und um die Bedeutung der Religion im Gemeinwesen (→ 1.5.3).

1.5.1 Kirchliche Selbstordnung

1.5.1.1 Soziologisch

Wie jeder Gemeinschaft stellen sich der Kirche als einer Gemeinschaft von Menschen bestimmte Ordnungsprobleme, die besonders effektiv durch Recht bewältigt werden können. Es gilt auch hier der allgemeine Satz: *ubi societas ibi ius.* Im Binnenverhältnis betrifft dies zunächst alle Fragen der Zugehörigkeit und des Verhältnisses von Individuum und Gemeinschaft (→ 1.1.1.1). Dazu gehören die Ein- und Austrittsbedingungen, die Rechte und Pflichten während der Mitgliedschaft und die Partizipationsmöglichkeiten (→ 4.3.1–2). Sodann müssen Entscheidungen darüber getroffen werden, worin die gemeinsame Aktivität bestehen und wie diese ins Werk gesetzt werden soll. Da bei größeren Gemeinschaften die Bildung von Untergliederungen praktisch unvermeidbar ist, stellt sich außerdem die Frage, wie diese gebildet werden und in welchem Verhältnis sie zueinander stehen. Und es ist zu klären, durch wen und in welcher Weise die Kirche Dritten gegenüber handlungsfähig ist (→ 4.2).

1.5.1.2 Ekklesiologisch

Der soziologische Befund wird ekklesiologisch verstärkt (→ 1.1.2). Dabei finden sich vor allem zwei Ansatzpunkte für einen Bedarf an rechtlicher Regelung. Diese können insofern als *ius divinum* angesehen werden, als diese Strukturmomente nicht in das Belieben gestellt, sondern der Kirche durch ihr Kirchesein mitgegeben sind und darum auf jeden Fall einer positiven Regelung bedürfen (→ 3.3.2.1).

Die Kirche realisiert sich überall dort, wo ihre Grundvollzüge der Evangeliumsverkündigung und Sakramentsfeier stattfinden. Dies geschieht jeweils in zeitlicher und räumlicher Konkretion. Aber keine dieser Konkretionen ist allein Kirche. Die Kirche besteht über zeitliche und räumliche Beschränkungen hinweg. Damit ist dem Kirchenverständnis von vornherein eine Spannung zwischen *Partikularität* und *Universalität* inhärent. Eine einzelne Gemeinde (und jede kirchliche Organisationsform) darf sich darum nicht genug sein, sondern muss kraft ihrer Kirchlichkeit danach streben, die Grenzen ihrer Partikularität zu überschreiten. In zeitlicher Hinsicht kann sie dies durch eine Verstetigung ihres Gemeindelebens tun, in räumlicher Hinsicht muss sie danach trachten, sich mit anderen partikularen Erscheinungsformen der Kirche in Beziehung zu setzen. Da es hier um eine unübersehbare Zahl von Beteiligten geht, spricht vieles dafür, dass das Leben der Kirche in dieser Welt ohne die Koordinationsleistung des Rechts nicht auskommen kann.

Wie gezeigt wurde, ist das *Amt der öffentlichen Verkündigung* für die Kirche konstitutiv und bedarf der Regelung von Voraussetzungen und Verfahren für seine Übertragung, wie auch für die dauerhafte Einbindung und Beaufsichtigung (→ 1.4.1).

1.5.1.3 Stufen rechtlicher Verdichtung

Das kirchliche Leben kann unterschiedliche Grade einer organisatorischen und rechtlichen Verfestigung erfahren. Das gilt insbesondere für alle Gebilde, die als »Gemeinde« bezeichnet werden. Dazu lassen sich folgende fünf Typen bilden, die in unterschiedlichen Abstufungen und Mischungen auftreten können (Munsonius 2011, 103–107):

(1) *Hausgemeinde.* Der erste Typ ist dadurch bestimmt, dass es sich um eine überschaubare Gemeinschaft handelt, die regelmäßig zusammenwirkt. Die Zugehörigkeit ist nicht formalisiert, sondern wird lebenspraktisch be-

stimmt. Es werden auch keine Vertretungsorgane gebildet, sondern soweit nötig gemeinsame Entscheidungen herbeigeführt. Sofern Rechtsbeziehungen zu Außenstehenden begründet werden, geschieht dies durch einzelne Mitglieder als Treuhänder, durch einen privatrechtlichen Rechtsträger (e. V. oder GmbH) oder die Gruppe tritt als Gesellschaft bürgerlichen Rechts (§§ 705–740 BGB) auf. Die Leitung der Versammlungen kann durch Absprache geregelt werden. Alles in allem handelt es sich um einen Typ mit sehr leichtem juristischem Gepäck, aber auch mit geringen Möglichkeiten strukturierter Außenbeziehungen.

(2) *Reiner Anstaltstyp.* Der Anstaltstyp tritt heute insbesondere dann auf, wenn sich Menschen vorübergehend in bestimmten sozialen Situationen befinden, für die dauerhafte Einrichtungen vorgesehen werden, wie dies in der Krankenhaus-, Gefängnis- und Militärseelsorge der Fall ist. Gemeinden vom reinen Anstaltstyp unterscheiden sich von der Hausgemeinde dadurch, dass es eine Organisation (Kirche) außerhalb dieser Gemeinde gibt, die sich dem kirchlichen Auftrag verpflichtet weiß und die nötigen personellen und sachlichen Voraussetzungen für die gemeindlichen Vollzüge bereitstellt. Die Menschen, die daran teilnehmen, sind zwar geistlich Mitglieder einer Gemeinschaft. Rechtlich sind sie jedoch als Benutzer einer Anstalt zu beschreiben. Denn den Rechtsträger bildet nicht die Gemeinschaft, sondern die Organisation. Die Gemeinschaft selbst erfährt keine Verfestigung, durch die sie als eigenständige rechtliche Größe in Erscheinung tritt. Die Zugehörigkeit wird allein durch praktische Teilnahme begründet.

(3) *Paragemeinde.* Eine gewisse Verselbständigung ist bei sogenannten Paragemeinden (z. B. Studentengemeinde) gegeben, die eine innere Struktur ausbilden, um ihr Gemeindeleben zu organisieren, aber im Außenverhältnis als Anstaltsgemeinde auftreten. Bei der Paragemeinde gibt es Ansätze einer Formalisierung der Mitgliedschaft durch Interessenbekundung, Anmeldung o. ä. Für die Regelung der eigenen Angelegenheiten werden Selbstverwaltungsorgane wie Beiräte oder Sprecher gebildet. Der Rechtsträger bleibt aber in diesem Fall die Dachorganisation, der Anknüpfungspunkt die Stelle des hauptamtlich beauftragten Personals. Über dieses findet eine Einbindung in die Kirchenstruktur statt und eine Vertretung im allgemeinen Rechtsverkehr. Unmittelbare Außenbeziehungen sind zu anderen kirchlichen Rechtsträgern innerhalb derselben Partikularkirche und zu anderen gleichartig strukturierten Gemeinden möglich.

(4) *Körperschaft kirchlichen Rechts.* Die Gemeinde als Körperschaft des kirchlichen Rechts zeichnet sich dadurch aus, dass sie einen eindeutig be-

stimmten Mitgliederbestand hat, kirchenrechtlich vorgeschriebene Organe bildet und innerhalb der kirchlichen Rechtsordnung umfassend handlungsfähig ist. Im allgemeinen Rechtsverkehr handelt sie vermittels einer anderen kirchlichen Körperschaft als Treuhänder. Gemeinden dieses Typs stellen beispielsweise die Pfarrgemeinden in Baden dar. Die Pfarrgemeinden sind nur über die Kirchengemeinde, der sie angehören, außerkirchlich rechtsfähig. Über die Mitgliedschaft in der Pfarrgemeinde besteht auch die in der Kirchengemeinde.

(5) *Kirchengemeinde.* Den voll entwickelten Typ einer rechtlich verfassten Gemeinde stellt die Kirchengemeinde dar. Die Kirchengemeinde ist zugleich Körperschaft des kirchlichen und des öffentlichen Rechts. Sie besitzt volle Rechtsfähigkeit und kann damit im Rechtsverkehr wie andere juristische Personen (→ 3.1.1) tätig werden, Verträge schließen, Eigentum erwerben, und an Gerichtsverfahren beteiligt sein. Innerhalb des kirchlichen Verfassungsaufbaus stellt sie einen Grundbaustein dar (→ 4.2.1). Ihr Status wird regelmäßig durch drei Merkmale bestimmt: (a) Die Kirchengemeinden sind auf die Verwirklichung des kirchlichen Auftrags verpflichtet; (b) sie sollen dies in ihrem Bereich in eigener Verantwortung wahrnehmen; (c) und sie sind eingebunden in die kirchliche Ordnung als die gemeinsame Grundlage einer größeren kirchlichen Gemeinschaft.

1.5.2 Teilnahme am allgemeinen Rechtsleben

Die Kirche nimmt am allgemeinen Rechtsleben teil, indem sie mit Menschen oder Organisationen außerhalb ihrer selbst in Beziehungen tritt. Dies geschieht in allen Bereichen des kirchlichen Handelns. Besonders deutlich wird es beim disponierenden Handeln (→ 1.2.3). Denn die Kirche kann die Mittel, die sie für ihr Handeln benötigt, nicht autark bereitstellen, sondern muss sie auf dem Markt der Güter und Dienstleistungen erwerben.

Dabei muss die Kirche selbst im Rahmen ihrer rechtlichen Möglichkeiten entscheiden, wie sie im Rechtsverkehr auftritt, welchen Rechtsstatus ihre Organisationseinheiten haben und durch wen diese im Rechtsverkehr vertreten werden, wer also rechtserhebliche Erklärungen abgeben und z. B. Verträge mit Wirkung für die Kirche abschließen kann. Das kircheneigene Organisationsrecht entfaltet so rechtserhebliche Außenwirkung.

Auf der anderen Seite wird hierbei in großem Umfang staatliches Recht für das kirchliche Handeln relevant. Die Kirche ist dem »für alle geltenden Gesetz« unterworfen (→ 3.2.3.3).

1.5.3 Staatliches Religionsrecht

Das staatliche Recht als die für alle verbindliche Ordnung sieht zunächst von allen religiös-weltanschaulichen Besonderheiten ab. Es betrachtet die Kirche und ihr Handeln insoweit mit einer »säkularen Brille« (→ 3.2.2.1). Allerdings stellt die Religion auch für das staatliche Recht einen Faktor dar, den es zu berücksichtigen gilt. Denn sie hat für die Individuen, die religiösen Gemeinschaften und die Gesellschaft prägende Bedeutung (Munsonius 2016, 37–39).

(1) Nach Art. 1 Abs. 1 GG ist die Würde des Menschen der Ausgangspunkt der normativen Ordnung in Deutschland. Sie ist der Verfassung als »unantastbar« vorgegeben. Was unter der »Würde des Menschen« zu verstehen und aus ihrer Unantastbarkeit zu folgern sei, ist in vielerlei Hinsicht umstritten. Unbestritten dürfte jedoch sein, dass es um die Achtung jedes Menschen als eigenständige Person geht. Damit wird auch die Vorstellung geschützt, die sich jeder Mensch von sich selbst und seiner Stellung in der Welt macht. Diese Vorstellung ist besonders dadurch bestimmt, in welcher Weise jemand religiös ist. Religion wirkt sich weitreichend auf die Selbst- und Weltwahrnehmung und damit auch auf den individuellen Lebensvollzug aus (*individuelle Relevanz*; → 1.1.1.2). Sie verdient deshalb um der Würde des Menschen willen besonderen Schutz.

(2) Religion manifestiert sich zu erheblichen Teilen in kommunikativen und damit kollektiven Vollzügen. In erster Linie ist hier an rituelle, kultische Praxis zu denken. Religiöse Gemeinschaft erschöpft sich aber zumeist nicht darin, sondern wird angereichert durch Formen der Geselligkeit sowie der Lebensbegleitung und -bewältigung. Der Mensch als zugleich religiöses und soziales Wesen bildet Formen religiös bestimmter Sozialität aus (*gemeinschaftliche Relevanz*). Da religiöse Menschen mit der für ihren individuellen Lebensvollzug wesentlichen Religion nicht in die Vereinzelung genötigt werden sollen, verdient auch die kollektive Religionspraxis um der Würde des Menschen willen besonderen Schutz.

(3) Die religiöse (oder religiös bestimmte) Praxis der Individuen und Gemeinschaften wirkt sich auf die Gesellschaft aus, der sie angehören, und entfaltet so eine öffentliche Dimension (*gesellschaftliche Relevanz*). Diese kann ganz unterschiedliche Gestalt annehmen. Zum einen kann sie darin bestehen, dass Einfluss auf die Gesellschaft genommen wird, sei es, weil die Religion zur Verantwortung für das Gemeinwesen treibt, sei es, weil die gesellschaftlichen Zustände den Vorgaben der Religion angepasst werden

sollen. Zum anderen kann die öffentliche Dimension der Religion darin bestehen, dass sich Menschen gesellschaftlichen Vollzügen entziehen und Formen einer Parallelgesellschaft ausbilden. Religion kann sich damit als sowohl sozial-produktiv wie auch sozial-destruktiv erweisen. In jedem Fall eignet ihr auch ein gesellschaftskritisches Potential. Religion stellt damit - zumal in ihrer Vielfalt - in mehrfacher Hinsicht ein Ambivalenzphänomen dar, woraus besondere Herausforderungen für die gesellschaftliche Ordnung erwachsen.

Für das Recht, dem wegen des Geltungsanspruchs seiner Normen und den Instrumenten seiner Sanktionierung für die gesellschaftliche Ordnung eine besondere Bedeutung zukommt (→ 3.1), ergeben sich aus der geschilderten Relevanz der Religion drei Herausforderungen: Zum einen verdient die Religion der Individuen und Gemeinschaften jeweils besonderen Schutz - und zwar um ihrer selbst willen. Zum anderen nötigt die (potentielle) soziale Destruktivität der Religion, die garantierte Freiheit einzuhegen und eine pluralismusfähige allgemeine Ordnung zu schaffen. Schließlich besteht auch ein Interesse, die soziale Produktivität der Religion für die Gesellschaft fruchtbar zu machen, sei es, dass sozial-karitativem Handeln Raum gegeben wird, sei es, dass die der Religion eigentümlichen Sinnressourcen und ihr Friedenspotential zur Geltung kommen sollen. Darum bedarf es in einem pluralen Gemeinwesen rechtlicher Instrumente, die den religiösen Individuen und Gemeinschaften einen Betätigungsraum eröffnen, vor Vereinnahmung durch (andere) Religions- und Weltanschauungsgemeinschaften oder den Staat schützen, Handlungs- und Kooperationsfähigkeit gewährleisten und einen gesellschaftlichen Diskurs über die Gehalte einer Religion ermöglichen (→ 4.6.1.4–5). Dies alles ist Gegenstand des staatlichen Religionsrechts (→ 3.2).

2 Geschichte

2.1 Vorreformatorisch

2.1.1 Anfänge

Erste Ansätze rechtlicher Ordnung können für das Christentum bereits in den Zeugnissen des Neuen Testaments ausgemacht werden. Motivierend waren dafür – wie für jede Rechtsbildung – die Konstellationen von Kooperation und Konflikt (→ 3.1.1). Als Beispiele können die Einsetzung von Armenpflegern in der Jerusalemer Gemeinde (Apg 6), von Diakonen und Aufsehern in paulinischen Gemeinden (Phil 1,1) oder die Anweisungen für die Behandlung von Rechtsstreitigkeiten zwischen Gemeindegliedern (1Kor 6) genannt werden. Als Mittel, um den Zusammenhalt der christlichen Gemeinden zu wahren, können das Apostelkonzil (Apg 15, Gal 2) und die Kollekte für die Jerusalemer Gemeinde (2Kor 8,9) genannt werden. Dabei kamen den Aposteln, insbesondere den drei Jerusalemer »Säulen« Petrus, Johannes und Jakobus sowie Paulus, eine besondere Autorität zu.

Mit dem Tod der Apostel und dem Ausbleiben der baldigen Wiederkunft Christi gewann die Verstetigung des Gemeindelebens zunehmend an Bedeutung. Die Bewegung der Christen begann, sich zur Institution zu verfestigen. Dies geschah vor allem durch die Ausbildung und allmähliche Angleichung von Ämtern wie der Episkopen, Presbyter und Diakonen (1Tim 3–5). Während der ersten Jahrhunderte kam es so zur Ausbildung eines von den übrigen Gemeindegliedern unterschiedenen Klerikerstandes, innerhalb dessen dem Bischof die entscheidende Rolle zugewachsen ist. Der Zusammenhalt zwischen den verschiedenen Gemeinden wurde durch Beteiligung von Vertretern anderer Gemeinden bei wichtigen Entscheidungen, später durch regionale Synoden und schließlich durch reichsweite Konzilien hergestellt.

Seinen Niederschlag fand das frühe Kirchenrecht in Texten, die weniger als Rechtsquellen denn als Lehr- und Mahnschreiben zu bezeichnen sind.

Zumeist beziehen sie sich auf (angebliche) Weisungen der Apostel und begründeten so ihre Autorität. Zu nennen sind beispielsweise die Didache (1./2. Jh.), der 1. Clemensbrief, die Ignatiusbriefe (ca. 110), die Traditio Apostolica (ca. 218) und die Apostolischen Konstitutionen (um 400).

Nach wechselnden Zeiten der Verfolgung erlangte das Christentum im Römischen Reich 311 Duldung (Toleranz), 313 Religionsfreiheit und Gleichstellung mit den heidnischen Religionen (Parität), danach staatliche Privilegierung und wurde 380 zur Staatsreligion erhoben. Danach kam es zu einer immer engeren Verschränkung von kirchlicher und weltlicher Verwaltungsstruktur. In der Folge bestand ein System des Zwangsstaatskirchentums. Der Primat des Bischofs von Rom, später das monokratische Papstamt sollte sich als für die Entwicklung des Kirchenrechts entscheidend erweisen. Der im Mittelalter immer wieder aufbrechende Streit zwischen geistlicher und weltlicher Gewalt hatte die Ordnungskompetenz innerhalb des als geschlossen angesehenen *corpus christianum* zum Gegenstand. Beide Gewalten verstanden sich als von Gott eingesetzt und standen in einem Verhältnis gegenseitiger Abhängigkeit. Die Differenz zwischen kirchlicher und weltlicher Gewalt fand vor allem im Investiturstreit im 11. Jh. ihren markanten Ausdruck.

2.1.2 Kanonisches Recht

Für die kirchliche wie die europäische Rechtsentwicklung gewann die Sammlung des Kanonischen Rechts weitreichende Bedeutung. Mit dem Investiturstreit wurden die Eigenständigkeit der Kirche und die Bedeutung des Papstamtes entscheidend gestärkt. Dadurch wurde die Etablierung des kirchlichen »kanonischen« Rechts befördert (Berman 1995). Dazu wurden Rechtsquellen gesammelt und systematisiert. Den Anfang bildet das *Decretum Gratiani*, eine um 1140 privat unternommene Sammlung eines Mönches, der ältere Rechtsquellen zusammengestellt und versucht hat, durch eigene Kommentare Widersprüche zwischen den Texten aufzulösen. In den folgenden Jahrhunderten wurden – meist auf päpstliche Veranlassung – weitere Sammlungen unternommen, denen amtlicher Charakter zukam. Diese Rechtssammlungen wurden 1582 in einer amtlichen Ausgabe unter dem Titel *Corpus Iuris Canonici* (Textsammlung des kanonischen Rechts) herausgegeben. Dieses blieb als maßgebliche Rechtsquelle für die römisch-katholische Kirche bis zum Erlass des *Codex Iuris Canonici* von 1917 in Kraft.

Das kanonische Recht umfasst das Recht kirchlicher Personen und Ämter, allgemeine Rechtslehren, Prozess-, Vermögens-, Ordens-, Straf- und

Eherecht, sowie Regelungen zu kirchlichen Orten und Zeiten, zu Sakramenten und zum Fasten. Für die Entwicklung des kirchlichen wie des weltlichen Rechts hatte das mittelalterliche kanonische Recht herausragende Bedeutung (Helmholz 2013). Wichtige Prinzipien auch des weltlichen Rechts gehen auf das kanonische Recht zurück. Dazu gehören das strafrechtliche Schuldprinzip, die Formfreiheit im Vertragsrecht und die Begründung von Verbindlichkeiten im Willen der Vertragsparteien sowie die Konsensualität und Unauflösbarkeit der Ehe. Auch das moderne Amts- und Disziplinarrecht (→ 4.3.5.1) hat im kanonischen Recht seine Wurzeln. Außerdem kann besonders im kanonischen Recht zuerst von einem Konzept positiven, auf Rechtssetzungsentscheidungen basierenden Rechts (→ 3.1.2) gesprochen werden. Damit hat das kirchliche Recht eine wichtige Vorreiterfunktion für die Rechtsentwicklung insgesamt wahrgenommen.

2.2 Reformation und Aufklärung

Die Reformation nahm ihren Ausgang an seelsorgerlich bedrängenden Problemen des Ablasswesens. Doch bald traten gravierende ekklesiologische Differenzen mit erheblichen Auswirkungen für die kirchliche und weltliche Ordnung bis in die Gegenwart zutage (Berman 2003; Witte 2014).

2.2.1 Kirchliche Neuordnung

Das reformatorische Kirchenverständnis und die Zwei-Regimenten-Lehre Martin Luthers brachten es mit sich, dass dem kirchlichen Recht nurmehr eine untergeordnete Bedeutung zugemessen worden ist. Drastischer Ausdruck davon war die Verbrennung des kanonischen Rechts (zusammen mit der Bannandrohungsbulle) durch Luther am 10.12.1520 vor dem Elstertor in Wittenberg. Gleichwohl war auch das evangelische Kirchenwesen auf eine äußere Ordnung angewiesen. Da sich die altgläubigen Bischöfe der reformatorischen Neuordnung in der Regel verweigerten, übernahmen die Landesherren als »Notbischöfe« kirchliche Leitungsfunktionen. Ein erstes Instrument kirchlicher Ordnung war die Durchführung von *Visitationen*, wie dies 1526–30 im Kurfürstentum Sachsen geschehen ist. Der »Unterricht der Visitatoren« von 1528 wird gerne als erstes Dokument reformatorischen Kirchenrechts angesehen.

Ein weiteres Instrument kirchlicher Ordnung waren *Kirchenordnungen*, die in den Städten und Territorien nach und nach erlassen worden sind. Diese wurden zumeist von Theologen ausgearbeitet und durch landesherrlichen Befehl in Kraft gesetzt. Regelungsgegenstand waren Bekenntnis und Gottesdienstordnung sowie Fragen der Kirchenorganisation und der Anstellung und Versorgung von Pfarrern. Es blieb jedoch nicht aus, dass für Fragen, die in den Kirchenordnungen nicht geregelt waren, schließlich doch wieder das kanonische Recht (→ 2.1.2), wenn auch in protestantischer Interpretation, herangezogen worden ist. Im Unterschied zur römisch-katholischen Kirche ist das *Corpus Iuris Canonici* in der evangelischen Kirche nie förmlich außer Kraft gesetzt worden (→ 3.3.4.3).

Als kirchenleitende Organe wurden Superintendenten und Konsistorien installiert. Den *Superintendenten* wurden bischöfliche Funktionen wie Ordination und Visitation übertragen. Die *Konsistorien* gingen aus den Visitationskommissionen hervor; sie wurden mit Theologen und Juristen besetzt und waren zunächst für die Ehegerichtsbarkeit, später für alle Fragen der Kirchenverwaltung zuständig. Garant der kirchlichen Ordnung war der Landesherr.

Für das so entstandene *Landesherrliche Kirchenregiment* wurden mit der Zeit verschiedene Begründungsansätze vertreten (→ 2.2.3.2): Zunächst wurden unter dem sog. *Episkopalsystem* weltliche und kirchliche Leitungsfunktion der Obrigkeit unterschieden und auf unterschiedliche Rechtstitel gestützt. Die kirchlichen Funktionen sind von den Bischöfen auf die Landesherren übergeleitet worden. Der Unterscheidung der Funktionen entsprach die Einrichtung besonderer Organe für die kirchlichen Leitungsaufgaben.

2.2.2 Religionskonflikt im Reich

Durch die Reformation standen sich innerhalb des Heiligen Römischen Reiches zwei Religionsparteien gegenüber, die beide davon ausgingen, im Besitz der für alle verbindlichen Wahrheit zu sein. Papstkirche und Reformatoren hielten am Absolutheitsanspruch ihrer Verkündigung und an der Einheit von Kirche und Welt fest. Der konkurrierende Wahrheitsanspruch der Religionsparteien führte in der ersten Hälfte des 16. Jh. zu blutigen Auseinandersetzungen, ohne dass die vormalige Einheit wieder hergestellt werden konnte. Damit stürzte das Reich, dessen Legitimation in der Glaubenseinheit gegründet war, in eine Verfassungskrise.

Diese Verfassungskrise konnte theoretisch nicht bewältigt werden, verlangte aber nach einer praktikablen Koexistenzordnung. Mit dem Augsburger Religionsfrieden (1555) und dem Westfälischen Frieden (1648) wurden die notwendigen Fundamente gelegt. Mit diesen Friedensschlüssen begann die »Entwicklung des modernen Staatskirchenrechts zu einer konfessionell neutralen weltlichen Rahmenordnung, die mehreren konkurrierenden Religionsgemeinschaften Schutz und Entfaltungsfreiheit garantiert und ihre Störung durch die Gegenseite ausschließt« (M. Heckel 2007, 29).

2.2.2.1 Augsburger Religionsfriede

Im Augsburger Religionsfrieden (M. Heckel 2005) wurde der Religionskonflikt ausgesetzt, bis es zu einer christlichen Verständigung in der Wahrheitsfrage kommen kann. Bis dahin sollten die Reichsstände das Recht haben, über die Konfession ihres Territoriums zu entscheiden (*ius reformandi*). Die Glaubenseinheit galt nun nicht mehr im Reich, sondern abhängig vom Willen der Landesherren in den Territorien. Lediglich für die konfessionell gemischten Reichsstädte war die dauernde Koexistenz beider Bekenntnisse in einem Herrschaftsgebiet vorgeschrieben.

Von Religionsfreiheit kann im Hinblick auf den Augsburger Religionsfrieden nur unter zwei gravierenden Einschränkungen gesprochen werden: Zum einen stand das Recht, die Konfession zu bestimmen, nicht den Individuen, sondern den Reichsständen zu. Zum anderen wurden nur das katholische und das Augsburger Bekenntnis anerkannt, alle anderen sollten gänzlich ausgeschlossen sein; aus der Glaubenseinheit wurde so aufgrund der Reformation »Glaubenszweiheit« (Anschütz 1932, 676). Eine Keimzelle individueller Religionsfreiheit kann nur im *ius emigrandi* erkannt werden. Danach bestand für Konfessionsfremde die Möglichkeit, gegen Bezahlung einer Nachsteuer mit ihren Familien und ihrem Eigentum auszuwandern.

Dauerhaft befriedend konnte der Augsburger Religionsfriede nicht wirken. Während die katholische Partei ihn als vorübergehende Notrechtsordnung für die Protestanten interpretierte, ging die evangelische Partei von einer dauerhaften Anerkennung aus.

2.2.2.2 Westfälischer Friede

Am Ende des Dreißigjährigen Krieges wurde im Westfälischen Frieden (M. Heckel 1988; Link 1998) der Augsburger Religionsfrieden bestätigt und durch

»Auslegung« weiterentwickelt und differenziert. Zum einen wurde das calvinistische (reformierte) als drittes Bekenntnis anerkannt und in die Friedensordnung einbezogen. Aus Glaubenszweiheit wurde Glaubensdreiheit. Zum anderen wurde das *ius reformandi* insofern modifiziert, als allen Religionsparteien die Religionsausübung eingeräumt wurde, wie sie im »Normaljahr« 1624 stattgefunden hat. Der Landesherr konnte künftig also nur über die 1624 bestehende Religionsausübung hinaus weitere Bekenntnisse zulassen. Die konfessionelle Geschlossenheit der Territorien war damit aufgegeben. Außerdem wurde allen Konfessionen die Hausandacht und die öffentliche Ausübung des Bekenntnisses außerhalb des Territoriums zugestanden. Das *ius emigrandi* wurde dahin ausgeweitet, dass Güter zurückgelassen und verwaltet werden konnten.

Für die Ordnung des Reiches entscheidend war, dass die Etablierung einer Friedensordnung von der Frage einer kirchlichen Wiedervereinigung gelöst wurde. »Konkret hieß das, dass sich das Reich nicht mehr als prinzipiell katholische Organisation der Reichsstände mit territorial und zeitlich begrenzten Ausnahmen zugunsten der Protestanten verstand, sondern als paritätisches Gemeinwesen mit gleichen Rechten und Pflichten für alle Religionsparteien« (Link 2017, § 15 Rn. 8). Der Interpretationsstreit über den Augsburger Religionsfrieden wurde insoweit im Sinne der Protestanten beigelegt.

Die Parität zwischen den Religionsparteien fand ihren Ausdruck in der expliziten reichsrechtlichen Anerkennung und verfahrensrechtlichen Absicherung (M. Heckel 2013). Im Reichstag wurden ein *Corpus Catholicorum* und ein *Corpus Evangelicorum* als konfessionelle Zusammenschlüsse der Stände gebildet. Im Verfahren der *itio in partes* (Auseinandertreten der Parteien) wurden Verfahrensgegenstände mit religiöser Relevanz zunächst in den beiden Konfessions-*Corpora* getrennt beraten und abgestimmt, bevor auf dieser Grundlage eine *amicabilis compositio* (freundschaftliche Übereinkunft) gesucht wurde. Eine Majorisierung der einen durch die andere Religionspartei war damit ausgeschlossen. »Die Prozedur war schwerfällig, aber sie ermöglichte die Koexistenz zweier, sich in ihrer Legitimität prinzipiell bestreitender religiöser Anschauungen in einer weltlichen Friedensordnung« (Link 2017, § 15 Rn. 10).

2.2.3 Aufklärung

2.2.3.1 Religionsfreiheit

Mit der Aufklärung wurde erstmalig die Religionsfreiheit explizit als Individualrecht verstanden und zugleich ein säkulares, d. h. von religiöser Legitimation unabhängiges, Staatsverständnis artikuliert. Dies geschah teils auf Grundlage des Christentums, teils in kritischer Auseinandersetzung mit ihm. Leitend war die Orientierung an der menschlichen Vernunft. Diese philosophischen Entwicklungen fanden ihren Niederschlag in der Politik. Beispielsweise wurde in der *Bill of Rights* von 1776 die Religionsfreiheit zum angeborenen und unveräußerlichen Recht aller Menschen erklärt. Art. 10 der französischen *Erklärung der Menschen- und Bürgerrechte* von 1789 schützte die religiöse Meinungsfreiheit, »solange die Äußerung die durch das Gesetz festgesetzte öffentliche Ordnung nicht stört.«

2.2.3.2 Territorialismus und Kollegialismus

Für die Begründung des Landesherrlichen Kirchenregiments (→ 2.2.1) wurden angesichts der Herausbildung des frühmodernen absolutistischen Staates und des Verlustes konfessioneller Homogenität der Territorien im Gefolge des Dreißigjährigen Krieges zwei neue Konzepte mit unterschiedlicher Akzentsetzung entwickelt.

(1) So wurde der Machtanspruch des Landesherrn über die Kirche nicht mehr in der Überleitung kirchlicher Rechte begründet, sondern unmittelbar aus dem territorialen Souveränitätsanspruch abgeleitet (*Territorialismus*). Die private Religion war dem hoheitlichen Zugriff entzogen, die öffentliche Religion unterstand als Teil der öffentlichen Ordnung der umfassenden staatlichen Herrschaft. Diese Herrschaft konnte auch über Religionsgemeinschaften ausgeübt werden, denen der Landesherr selbst nicht angehörte. Die öffentliche Religion wurde für staatliche Zwecke, insbesondere für die sittliche Erziehung der Untertanen, in Anspruch genommen. Staatliche Stellen leiteten die Kirche. Dazu wurden Konsistorien aufgelöst und in die Ministerialverwaltung eingegliedert. Auch in katholischen Ländern wurden kirchliche Leitungsbefugnisse auf einen eng umgrenzten geistlichen Bereich begrenzt; in allen äußeren Angelegenheiten wurde die Kirche von staatlicher Mitwirkung abhängig.

(2) Mit dem *Kollegialismus* wurde die Einheit von staatlicher und kirchlicher Leitung zumindest theoretisch beendet. Hierin liegt die Wurzel eines vom Staat unterschiedenen kirchlichen Selbstbestimmungsrechts. Nunmehr war zwischen Kirchenaufsicht (*ius circa sacra*), die kraft Landeshoheit über alle Religionsgesellschaften ausgeübt wurde, und Kirchengewalt (*ius in sacra*), die die eigenen Angelegenheiten einer Kirche betraf, zu unterscheiden. Das Landesherrliche Kirchenregiment fand seine Begründung in

der seit der Reformation bestehenden Übung, dem Landesherrn als hervorgehobenem Glied der Kirche Kirchengewalt zu übertragen.

2.2.3.3 Allgemeines Landrecht

Exemplarisch für eine Kodifikation der Aufklärung steht das *Allgemeine Landrecht für die preußischen Staaten* von 1794 (Landau 1995). Im Allgemeinen Landrecht tritt eine eigentümliche Spannung zutage: Einerseits soll den Bürgern ein Freiraum individueller Entfaltung eröffnet werden, andererseits verbleibt dem Staat eine weitgehende Verantwortung für das gemeine Wohl. Gesellschaftliche Selbstorganisation durch die Bildung von Vereinigungen soll ermöglicht werden, wird aber zugleich einer weitgehenden staatlichen Kontrolle unterworfen. Der mündige Bürger wird vorausgesetzt und zugleich ein erheblicher Erziehungsbedarf gesehen.

Nach den religionsrechtlichen Bestimmungen des Allgemeinen Landrechts genießt jeder ein Mindestmaß an individueller Religionsfreiheit, alle Menschen haben – mit fortbestehenden Ausnahmen für Juden – die gleichen bürgerlichen Rechte ohne Ansehen der Religion. Die drei reichsrechtlich anerkannten Konfessionen (→ 2.2.2.2) sind gleichberechtigt und zu öffentlicher Religionsausübung berechtigt. Allerdings gab es keine Trennung von Staat und Kirche; diese blieb staatlicher Aufsicht und Leitung unterworfen. Zudem waren die »Kirchengesellschaften« im Sinne der Staatsraison verpflichtet, »ihren Mitgliedern Ehrfurcht gegen die Gottheit, Gehorsam gegen die Gesetze, Treue gegen den Staat und sittlich gute Gesinnungen gegen ihre Mitbürger einzuflößen.«

Der generellen Tendenz des Allgemeinen Landrechts folgend »standen weitreichende Religionsfreiheit und kirchenhoheitlich geprägtes Staatskirchenrecht nebeneinander« (von Campenhausen 2009, Rn. 25). Freiheit wird vor allem individuell verstanden und auch gegen die Religionsgesellschaften geschützt. Bleibende Bedeutung hat der dem Kollegialismus entsprechende Begriff der Kirchen- oder *Religionsgesellschaft*. Mit ihm werden Religionsgemeinschaften in einer dem staatlichen Ordnungsbedürfnis entsprechenden Weise als vom Willen der Mitglieder getragener Zusammenschluss zur gemeinsamen Religionspflege verstanden. Kollektive und korporative Freiheit unterliegen im Allgemeinen Landrecht jedoch noch weitgehenden staatlichen Einschränkungen. Besonders in der umfassenden Kontrolle des Staats über die Kirchen schlagen sich noch Prinzipien des Territorialismus nieder.

2.3 19. Jahrhundert

Die Entwicklung im 19. Jh. ist durch eine zunehmende Entflechtung von Staat und Kirche, zugleich von einer gewissen Parallelität der jeweiligen Entwicklung bestimmt. Beginnend mit dem Westfälischen Frieden 1648, forciert durch den Reichsdeputationshauptschluss 1803 und die europäische Neuordnung durch den Wiener Kongress 1815 war die konfessionelle Geschlossenheit der Territorien dahin. Politisch-soziale und kirchliche Sphäre traten auseinander.

2.3.1 Konstitutionalismus

Was in der Aufklärung erdacht und erprobt worden war, gelangte durch die Verfassungsgebungen im Konstitutionalismus des 19. Jh. zu normativer Geltung.

In Art. 16 der Deutschen Bundes-Akte von 1815 wurde bestimmt:

> »Die Verschiedenheit der christlichen Religions-Partheyen kann in den Ländern und Gebiethen des deutschen Bundes keinen Unterschied in dem Genusse der bürgerlichen und politischen Rechte begründen.«

In den Verfassungen der süd- und mitteldeutschen Staaten im Vormärz wurden Grundrechte als Staatsbürgerrechte oder Rechte der Einwohner gewährt; sie wurden jedoch entgegen aufklärerischen Ansätzen nicht als naturrechtlich gegeben anerkannt. Zu den Grundrechten gehörten auch Garantien der Gewissens- und Glaubensfreiheit. Es fehlten aber ein umfassendes Recht auf öffentliche Religionsausübung und religiöse Vereinigungsfreiheit. Die in den Verfassungen verbürgte Freiheit gab nur das Recht zur Wahl zwischen den zugelassenen Religionsgemeinschaften und zur Religionsausübung in der jeweils zugelassenen Form (öffentlicher oder privater Gottesdienst, Hausandacht). Die praktische Bedeutung der gewährten Rechte blieb damit vergleichsweise gering.

Die (nicht in Kraft getretene) Frankfurter Reichsverfassung von 1848/49 garantierte die individuelle Religionsfreiheit, die nicht auf die drei anerkannten Bekenntnisse beschränkt sein sollte. Die häusliche und öffentliche Religionsausübung sollten ebenso erlaubt sein wie die Bildung neuer Religionsgemeinschaften. Für alle Religionsgesellschaften war ein Selbstverwaltungsrecht vorgesehen. Eine Staatskirche sollte es nicht geben. Das spätere System der Weimarer Reichsverfassung und des Grundgesetzes ist hier weitgehend vorgebildet worden.

2.3.2 Kirchliche Verselbständigung

Die Lösung verschiedener Einzelprobleme hat in der Gesamtentwicklung des 19. Jh. dazu geführt, dass Kirche und Kirchenrecht zunehmend als eigenständig neben dem Staat in Erscheinung traten (M. Heckel 2000; Mehlhausen 1995).

So wurden für die Verwaltung des ortskirchlichen Vermögens *Kirchenvorstände* etabliert, denen mit der Zeit weitergehende Leitungskompetenzen zugewachsen sind. Damit entstand aus der Parochie als dem Zuständigkeitsbereich eines Pfarrers die Kirchengemeinde als Körperschaft der ihr angehörenden Gemeindeglieder. Um nur die jeweiligen Religionsangehörigen zu bestimmten Lasten heranzuziehen, wurde in einigen Ländern die *Kirchensteuer* eingeführt. Auf der Landesebene wurde die kirchliche Verwaltung durch Neugründung von *Konsistorien* aus der Ministerialverwaltung herausgelöst und verselbständigt.

Mit der *Rheinisch-Westfälischen Kirchenordnung* 1835 wurde erstmals eine landesherrlich-konsistoriale Leitungsstruktur, wie sie im Königreich Preußen etabliert war, mit einer presbyterial-synodalen Selbstverwaltungsstruktur verbunden, wie sie bei den reformierten Gemeinden unter römisch-katholischer Herrschaft entstanden war. Diese Kirchenordnung gewann Vorbildcharakter bis in die Gegenwart. Auch in anderen Landeskirchen wurden zusehends *Synoden* eingerichtet. Dies hing u. a. mit der Einführung der Union, aber auch mit Fragen der Vermögensverwaltung und der Kirchensteuer zusammen. Mit der Zeit sind auch den Synoden weitere Aufgaben und Bedeutung zugewachsen.

Während die Entwicklung in der evangelischen Kirche in beständiger Wechselwirkung mit der staatlichen Verfassungsentwicklung stattfand, geriet die römisch-katholische Kirche in erhöhtem Maße unter Druck. Insbesondere im *Kulturkampf* unter Bismarck ging es um die Behauptung staatlicher und kirchlicher Souveränität. Die Papstkirche reagierte auf die Zumutungen der Moderne mit dem Ersten Vatikanischen Konzil und ihm folgend mit der Verabschiedung des *Codex Iuris Canonici* von 1917, mit dem ein umfassender Normierungsanspruch verbunden war.

2.4 Seit 1918

2.4.1 Weimarer Republik

Mit der Monarchie endete 1918 auch das Landesherrliche Kirchenregiment. Die Symbiose von Staat und Kirche, die mit Konstantin 313 begonnen hatte, war nun endgültig aufgelöst.

Die mit der *Weimarer Reichsverfassung* (WRV) von 1919 getroffenen Regelungen zielten darauf, die Trennung zwischen Staat und Kirche zu verwirklichen, den Kirchen und Religionsgemeinschaften ihren überkommenen Status zu erhalten und allen anderen Religions- und Weltanschauungsgemeinschaften den Zugang zu gleichen Rechten zu eröffnen. Dem dienen insbesondere die Regelungen des Art. 137 WRV mit der Festschreibung der Trennung von Staat und Kirche, der Garantie des kirchlichen Selbstbestimmungsrechts und den Regelungen über den Status als Körperschaft des öffentlichen Rechts (→ 3.2.3). Diese Regelungen werden flankiert durch Bestimmungen über die Kirchensteuer (→ 4.7.2.1), das kirchliche Vermögen (→ 4.7.1.2) und die Ablösung der Staatsleistungen (→ 4.7.3).

Mit dem Ende des Landesherrlichen Kirchenregiments und der reichsrechtlichen Neuordnung des Religionsrechts wurde die Notwendigkeit einer eigenständigen kirchlichen Ordnung auch der evangelischen Kirche manifest (Bullinger 1974). Infolgedessen haben sich die Landeskirchen bis 1926 *Kirchenverfassungen* gegeben und dabei bestehende Synodalordnungen und die Konsistorien als kircheneigene Verwaltungen fortgeführt sowie ein eigenes episkopales Amt etabliert.

Während der Weimarer Republik bestand auf kirchlicher wie staatlicher Seite erhebliche Unsicherheit, wie mit der neuen Unabhängigkeit umzugehen sei. Trotz der Garantie des kirchlichen Selbstbestimmungsrechts wurden weiterhin staatliche Aufsichtsbefugnisse ausgeübt, die auf die frühere staatliche Kirchenhoheit zurückgingen. Der Grund dafür sollte sein, dass mit dem Privileg des Körperschaftsstatus eine besondere Pflichtenstellung korrelieren müsse (sog. Korellatentheorie). In dieser Zeit gab es also eine Tendenz, den staatlichen Souveränitätsanspruch zu Lasten der kirchlichen Freiheit zu überziehen.

2.4.2 Nationalsozialismus und DDR

Unabhängig von der umstrittenen Frage, ob die staatskirchenrechtlichen Artikel der Weimarer Reichsverfassung nach 1933 fortgalten, kam es unter der NS-Herrschaft durch Missachtung und Uminterpretation zu einer faktischen Aushöhlung der religiösen Freiheiten. Die Gleichschaltung der Landeskirchen und die Etablierung des Führerprinzips riefen den Widerstand der Bekennenden Kirche hervor (*Kirchenkampf*). Ausgehend von der ersten Bekenntnissynode vom 29.–31.5.1934 in Barmen etablierte sie eigene Leitungsstrukturen und proklamierte ein kirchliches Notrecht. Ab 1935 wurde kirchliche Leitungskompetenz konkurrierend beansprucht durch den vom Ministerium eingesetzten Reichskirchenausschuss sowie den Reichsbruderrat und die Vorläufige Kirchenleitung der Bekennenden Kirche bzw. den Lutherrat als dem Zusammenschluss der »intakten« Landeskirchen, ihrer Bischöfe und Bruderräte.

In der DDR lösten sich Phasen der Tolerierung der Kirchen (1949–51), der staatlichen Anfeindung durch Aufrufe zum Kirchenaustritt und zur Abschaffung des Religionsunterrichts (1951–58), der weiteren Behinderung und Reduktion der verfassungsrechtlichen Garantien (1958–76) und einer Form von duldender Koexistenz (1976–1990) ab. Ein freies Wirken der Kirchen und substantielle Glaubensfreiheit gab es nicht.

2.4.3 Bundesrepublik Deutschland

2.4.3.1 Staatliches Religionsrecht

Das Grundgesetz vom 23.5.1949 enthält eine weitreichende Garantie der Religionsfreiheit in Art. 4 Abs. 1 und 2 (→ 3.2.3.2), die Garantie des Religionsunterrichts als ordentliches Lehrfach in Art. 7 Abs. 3 (→ 4.6.1.4) und übernimmt durch Art. 140 die wesentlichen religionsrechtlichen Regelungen der Weimarer Reichsverfassung (→ 2.4.1). Diese Bestimmungen wurden nun jedoch ganz anders interpretiert als in der Weimarer Republik. Die Kirchen genossen nach der Katastrophe der NS-Zeit als gesellschaftliche Größe ein vergleichsweise hohes Ansehen, während sich die staatliche Ordnung erst noch bewähren musste. Vorherrschend war nun die Vorstellung, dass sich Staat und Kirche als zwei gleichberechtigte Ordnungsmächte gegenüberstehen, die ihre Angelegenheiten miteinander koordinieren. Regelungen dieses Verhältnisses sollten nur auf dem Wege des Vertrages möglich sein. Mit dieser »Koordinationslehre« wurde nunmehr der kirchliche Freiheitsanspruch zu Lasten der staatlichen Souveränität überzogen.

Erst allmählich setzte sich eine differenzierte Lesart durch, die den Freiheitsanspruch der Kirchen mit dem Souveränitätsanspruch des Staates in Einklang brachte (Hesse 1964/65). Die Kirchen werden dem Staat nicht mehr gleichgeordnet, sondern als freiheitsberechtigte Akteure innerhalb der Verfassungsordnung angesehen. Sie sind damit gesellschaftliche Akteure neben anderen.

Für die Auslegung und Anwendung des Religionsrechts hat vor allem die Rechtsprechung des Bundesverfassungsgerichts wegweisende Bedeutung erlangt (Neureither 2015).

2.4.3.2 Entwicklung des Kirchenrechts

Nach dem Zweiten Weltkrieg hat eine flächendeckende Überarbeitung der Kirchenverfassungen stattgefunden, wobei insbesondere der im Kirchenkampf gewonnenen Einsicht Rechnung getragen werden sollte, dass zwischen geistlicher und rechtlicher Leitung eine unaufgebbare Einheit besteht (→ 3.3.3).

Weitere Schübe kirchlicher Verfassungsentwicklung hat es seit dem letzten Drittel des 20. Jh. und insbesondere durch die Vereinigung von Landeskirchen gegeben, so die Verfassungen der Nordelbischen Ev.-Luth. Kirche von 1976, der Ev. Kirche Berlin-Brandenburg-schlesische Oberlausitz von 2003 und der Ev. Kirche in Mitteldeutschland von 2008. Zuletzt ist 2012 die Ev.-Luth. Kirche in Norddeutschland aus der Vereinigung der Nordelbischen Ev.-Luth. Kirche, der Ev.-Luth. Landeskirche Mecklenburgs und der Pommerschen Ev. Kirche hervorgegangen. Außerdem ist es in Baden (2007) Hessen und Nassau (2010) und Hannover (2019) zu einer Revision von Kirchenverfassungen mit dem Ziel gekommen, der Veränderung gesellschaftlicher Rahmenbedingungen Rechnung zu tragen.

Unterhalb der Verfassungsebene kam es mit der Ausdifferenzierung der kirchlichen Handlungsfelder zu einer immer umfangreicheren und detaillierteren Normsetzung. Diese bewegt sich zwischen nüchternen, technisch anmutenden Regelungen und solennen, mit programmatischen Aussagen angereicherten Ordnungen, mit denen die Bedeutung bestimmter kirchlicher Handlungsfelder herausgestellt werden soll.

2.4.3.3 Ausblick

Die größte Herausforderung für das staatliche Religions- wie das Kirchenrecht ergibt sich aus der demographischen Entwicklung. Hier gibt es eine eindeutige Tendenz zu mehr Pluralität, Individualität und Diffusität im religiösen Feld. Gehörten 1950 in Westdeutschland noch ca. 45 % der Bevölkerung der römisch-katholischen und 50 % der evangelischen Kirche an, so sind es heute nur noch (aber immerhin) ca. 30 % und 25 %. Hinzu kommen ca. 5 % Muslime, 5 % Angehörige anderer Religionsgemeinschaften und 35 % Konfessionslose. Dabei gibt es große regionale Unterschiede. Im Übrigen wird man sich darauf einstellen müssen, dass viele Menschen auf explizite Religion verzichten oder diese ohne organisatorische Anbindung leben wollen.

Das geltende Religionsverfassungsrecht bietet auch für diese Situation einen geeigneten Rahmen. Es ist als säkulares Rahmenrecht (→ 3.2) auf Pluralität hin angelegt. Allerdings gilt es, die Gewöhnung an die Anwendung auf die großen christlichen Kirchen zu überwinden und die Normen einer konsequent säkularen und pluralitätsfähigen Interpretation zuzuführen (→ 2.4.3.1). Ein besonderes Augenmerk sollte außerdem auf den Elementen diskursiver Auseinandersetzung (→ 4.6.1; 4.6.3) liegen, um die Anstößigkeit und Sinnhaftigkeit des religiös-weltanschaulichen Arrangements zu vermitteln.

Für die Kirchen stellt sich die Herausforderung, angesichts zurückgehender Ressourcen und zunehmender Ausdifferenzierung der Lebensverhältnisse das kirchliche Handeln wirkungsvoll zu gestalten. Dabei erweist sich die über Jahrhunderte gewachsene Struktur als zugleich nützlich und hinderlich. Weder ist es möglich, sie unverändert beizubehalten, noch sie ohne weiteres preiszugeben. Dem Kirchenrecht kommt im Kontext der Reformbemühungen eine ambivalente Funktion zu: Es stabilisiert die bestehende Ordnung und ermöglicht zugleich ihre Veränderung. Durch das Recht können Prozesse gestaltet werden, indem Verfahren und Beteiligungen festgelegt werden. Es gibt aber nicht vor, zu welchen Ergebnissen ein Prozess führt, kann diesen gleichwohl Geltung verschaffen. Recht ist flexibel und gestaltbar, wenn nur die Regeln für seine Änderung eingehalten werden. Es kann darum unterschiedlichen Situationen angepasst werden.

3 Rechtssystematische Grundlagen

3.1 Recht

Das Thema des Rechts ist das menschliche Verhalten, sofern von ihm ein Sollen behauptet und dies durch bestimmte Mechanismen und Verfahren sanktioniert wird (Mahlmann 2019; Rüthers 2018; Zippelius 2017). Es geht um die Sicherung eines Mindeststandards von Sozialität. Es geht nicht oder allenfalls mittelbar um ein Gesamtbild gelingenden Lebens oder die Frage nach seinem Sinn. Gegenstand des Rechts ist letztlich immer nur die Frage, ob in einer bestimmten Situation von einer bestimmten Person ein bestimmtes Tun oder Unterlassen zu erwarten und nötigenfalls zu fordern oder gar zu erzwingen ist. Alle Aspekte, die zur Beantwortung dieser Frage nichts beitragen, werden aus der Betrachtung konsequent ausgeschlossen.

3.1.1 Funktion

Durch das Recht wird das Zusammenleben von Menschen reguliert. Dieses Zusammenleben ist bestimmt durch *Kooperation* und *Konflikt*. Jeder ist mit dem, was er tun und lassen will, davon betroffen, was andere tun oder lassen. Der Freiheitsgebrauch der einen wirkt sich auf den Freiheitsgebrauch anderer aus. Für ein gedeihliches Zusammenleben ist es erforderlich zu klären, wie Kooperation stattfindet und Konflikte gelöst werden. Deswegen kommt es zur Ausbildung von *Normen*, also von Verhaltensregeln, die für ein gedeihliches Zusammenwirken vieler und für die gewaltfreie Bearbeitung von Konflikten erforderlich sind. Durch Rechtsnormen wird das Verhalten von Akteuren aufeinander abgestimmt, es wird eine Interaktionsordnung konstituiert. Verhaltenserwartungen werden stabilisiert und der Freiheitsgebrauch aller koordiniert. Damit wird die Macht der Akteure sowohl erweitert, als auch begrenzt.

Normen, die besagen, was man tun oder lassen soll, gibt es auch als Spielregeln, Sitte und Moral. Wer sich nicht daran hält, kann vom Spiel ausgeschlossen werden, wird in der Gesellschaft weniger respektiert oder gerät mit seinem Gewissen in Konflikt. Die Normen des Rechts sind mit einem strengeren *Geltungsanspruch* versehen und werden notfalls zwangsweise durchgesetzt. So kann jeder erwarten, dass Rechtsnormen von allen eingehalten werden, und jeder darf diese Erwartung seinem eigenen Handeln zugrunde legen.

Die Geltung von Normen erfährt üblicherweise ihre Bestätigung dadurch, dass alle rechtstreuen Akteure ihr Verhalten an diesen Normen ausrichten. Wer dagegen verstößt, isoliert sich und muss unmittelbar oder mittelbar Nachteile in Kauf nehmen. Der Geltungsanspruch von Rechtsnormen wird zusätzlich dadurch wirksam, dass er mit *Sanktionen* verbunden ist. Dazu sieht die Rechtsordnung ein System vor, durch das die Befolgung von Normen zwangsweise durchgesetzt werden kann. Ausgehend von seinem Gewaltmonopol wacht der Staat als Garant der Rechtsordnung mit Mitteln des Polizeirechts, des Strafrechts und der Gerichtsbarkeit darüber, dass sie eingehalten wird.

Rechtsnormen werden als abstrakt-generelle Regeln für eine Vielzahl von Fällen formuliert und zu Regelsystemen ausdifferenziert, aus denen für einen Einzelfall ermittelt werden kann, welches Verhalten rechtlich geboten ist. Insgesamt liegt dem Recht der Gedanke einer einheitlichen *Rechtsordnung* zugrunde. Alle Normen sollen sich zu einem stimmigen und widerspruchsfreien System fügen. Dies wird durch das Prinzip der Normenhierarchie, wonach höherrangiges Recht anderem Recht vorgeht, und durch Auslegungsregeln, wonach spezielle Normen vor generelle und jüngere vor ältere gehen, gewährleistet.

Die *Rechtsanwendung* wird ihrerseits durch Rechtsnormen reguliert, aus denen sich ergibt, wer in welcher Weise die Konkretisierung vorzunehmen und über die Anwendung des Rechts zu entscheiden hat. In der staatlichen Verwaltung werden hierzu Zuständigkeit, Verfahren und Form festgelegt, nach denen sich die Rechtsanwendung richtet. Letztlich liegt es bei den staatlichen Gerichten, autoritativ zu entscheiden, was sich für einen bestimmten Fall aus der geltenden Rechtsordnung ergibt.

Subjektive Rechte, wie das Eigentum an einem Gegenstand oder ein Anspruch gegenüber einem Vertragspartner, geben einzelnen Akteuren die Kompetenz, rechtsgestaltend zu wirken und bestimmte Normen in den rechtlich geordneten Verfahren durchzusetzen. Im staatlichen Recht hat die Zuerkennung subjektiver Rechte ihren sachlichen Grund in der Anerkennung der sittlichen Person als Zweck an sich. Menschen sind danach frei, eigene Interessen zu verfolgen; sie können sich dazu auch organisieren und *juristische Personen*, wie z. B. einen eingetragenen Verein oder eine GmbH, bilden, die in entsprechender Weise Träger von Rechten und Pflichten sein können und durch ihre Organe (Mitgliederversammlung, Vorstand etc.) handeln. Im Privatrecht dienen subjektive Rechte dazu, die Freiheit der Individuen mit dem Freiheitsgebrauch der anderen auszugleichen. Im öffentlichen Recht dienen sie der Sicherung eines Freiraums selbstbestimmter Lebensführung gegenüber dem hoheitlich handelnden und dem Allgemeinwohl verpflichteten Staat.

3.1.2 Geltung

Recht begegnet heute weitgehend als positives, d. h. durch menschliche Entscheidung gesetztes Recht. Nach dem Konzept des *Rechtspositivismus* (Luhmann 1970) gilt eine Norm oder Entscheidung, wenn sie von der zuständigen Stelle im vorgesehenen Verfahren erlassen worden ist. Eine ordnungsgemäß gesetzte Norm gilt und bedarf, solange sie gilt, keiner weiteren Begründung. Der Diskurs wird durch die geltende Norm, also durch die *Dezision* des Normgebers abgeschnitten. In Demokratien beispielsweise ist für den Erlass eines Gesetzes ein Parlamentsbeschluss nach einem geordneten Beratungsprozess und die Verkündung in einem Gesetz- oder Amtsblatt erforderlich. Gibt es zu einem bestimmten Problem kein formelles Gesetz, kann in Gerichtsverfahren festgestellt werden, was in diesem Fall als rechtens anzunehmen ist. Man spricht dann vom Richterrecht (→ 3.3.4.3). Auch in diesem Fall sind Zuständigkeit, Verfahren und Form zu beachten. Selbst Private können durch Satzung oder Vertrag wirksam Rechtnormen setzen.

Geltungsgrund der Norm ist nicht nur, dass sie einmal durch den Normgeber erlassen worden ist, sondern außerdem, dass sie seither nicht geändert worden ist, obwohl die Möglichkeit dazu bestanden hat. Der Rechtstext steht also nicht abschließend fest, sondern stets unter dem Vorbehalt neuer gesetzgeberischer Entscheidung. D. h.: Für die Rechtsgestaltung gilt die prinzipielle Änderbarkeit allen Rechts (*Plastizität*). Um der Rechtssicherheit willen unterliegen alle rechtlichen Entscheidungen dem Gebot der *Formstrenge*. Sie müssen als rechtliche Entscheidungen erkennbar sein und der für sie vorgesehenen Form entsprechen.

Das Recht stellt sich also als ein differenziertes *System verbindlicher Entscheidungen* dar: Aufgrund rechtlich zugewiesener Kompetenz erlässt der

Gesetzgeber abstrakt-generelle Normen, die für eine nicht absehbare Zahl von Fällen Entscheidungsmaßstäbe vorgeben. Und wiederum aufgrund rechtlich zugewiesener Kompetenz können, die im Einzelfall zur Entscheidung berufen sind, sich auf die Norm stützen und Verbindlichkeit für ihre Entscheidung beanspruchen. Der Geltungsanspruch dieser Entscheidung kann wiederum durch die Entscheidung der dafür zuständigen Stellen (Gerichte) durchgesetzt oder beseitigt werden. Aus dem Zusammenspiel von formeller Kompetenzzuweisung und materieller Normbindung ergibt sich, dass die so von einzelnen getroffenen Entscheidungen der Rechtsgemeinschaft insgesamt zuzurechnen sind. Indem bestimmten Personen die Kompetenz zugewiesen wird, Entscheidungen zu treffen, denen andere unterworfen sind, wird eine *Hierarchie* zwischen den Beteiligten begründet.

Der Geltungsanspruch des Rechts ist jedoch nicht nur formell fundiert, indem seine Konstitutionsbedingungen eingehalten werden (*Legalität*). Komplementär dazu wird der Geltungsanspruch des Rechts materiell durch seine *Legitimität* gestützt. Die Legitimität von Normen setzt voraus, dass sie mit übergeordneten Normen wie Verfassungsprinzipien und Grundrechten und letztlich mit der Leitidee übereinstimmen, die der Rechtsordnung zugrunde liegt. Dazu gehören vor allem die Menschenwürde und die Gerechtigkeitsidee. Sie werden konkretisiert durch Prinzipien, dass gleiche Fälle gleich behandelt werden müssen, dass jeder sein Leben frei gestalten darf, soweit dies mit der Freiheit der anderen vereinbar ist, und dass niemand unverhältnismäßigen Belastungen ausgesetzt werden darf. Die Legitimität des Rechts lässt sich allerdings nicht einfach deduzieren, sondern ist stets Gegenstand rechtspolitischer Auseinandersetzung. In einem religiös-weltanschaulich pluralen Gemeinwesen können dabei spezifisch religiöse Begründungen nur bedingt zur Geltung gebracht werden. Das moderne Recht hat sich von seinen religiösen Wurzeln emanzipiert und ist *säkular* (Dreier 2018, 59–62).

3.1.3 Rechtstheologie

Für die Kirche stellt sich die Frage, wie sich aus christlicher Perspektive eine positive Sicht auf die Säkularität des Rechts entwickeln lässt. Dies ist das Thema der Rechtstheologie und der Politischen Ethik. Hier soll es bei einigen orientierenden Hinweisen bleiben. Für eine kirchliche Stellungnahme zu Staat und Recht kann man an verschiedene Traditionsbestände anknüpfen (Leonhardt 2017; von Scheliha 2013):

(1) In der Bibel finden sich verschiedene Aussagen, die fruchtbar gemacht werden können:

»So gebt dem Kaiser, was des Kaisers ist, und Gott, was Gottes ist!« (Mt 22,21)

»Man muss Gott mehr gehorchen als den Menschen.« (Apg 5,29)

»Jedermann sei untertan der Obrigkeit, die Gewalt über ihn hat. Denn es ist keine Obrigkeit außer von Gott; wo aber Obrigkeit ist, die ist von Gott angeordnet.« (Röm 13,1)

Während das erste Zitat eine unproblematische Scheidung der religiösen und der politischen Sphäre nahelegt, ergibt sich aus dem zweiten Zitat eine klare Überordnung des göttlichen vor jedem menschlichen Gebot. Doch dass es so einfach nicht ist, wird am dritten Zitat deutlich, das die weltliche Obrigkeit ihrerseits auf Gott zurückführt. Dieses Spannungsfeld auszudeuten haben sich Theologen durch die Jahrhunderte stets erneut bemüht. Offensichtlich kann es eine zu große Staatsnähe ebenso geben wie eine zu große Staatsferne.

(2) In der Theologie der Reformation ist es vor allem die Zwei-Reiche- oder *Zwei-Regimenten-Lehre*, die hier fruchtbar gemacht werden kann (Korsch 2007, 118–131). Danach ist zwischen zwei Weisen des göttlichen Regiments zu unterscheiden: Das geistliche Regiment »zur Rechten« betrifft das Glaubensleben, das Mittel ist die Verkündigung, und Gewaltmittel sind ausgeschlossen (*sine vi sed verbo*). Das weltliche Regiment »zur Linken« betrifft Sicherheit und äußeren Frieden, das Mittel ist das Recht und letztlich die heute beim Staat monopolisierte Gewalt. Das weltliche Regiment macht nicht fromm, das geistliche hat keine Machtmittel, Böses zu verhindern.

(3) Angesichts der Herausforderung durch den totalitären Staat des 20. Jh. wurde in der *Barmer Theologischen Erklärung* von 1934 eine kirchliche Position formuliert (→ 2.4.2):

»Die Schrift sagt uns, daß der Staat nach göttlicher Anordnung die Aufgabe hat in der noch nicht erlösten Welt, in der auch die Kirche steht, nach dem Maß menschlicher Einsicht und menschlichen Vermögens unter Androhung und Ausübung von Gewalt für Recht und Frieden zu sorgen. Die Kirche erkennt in Dank und Ehrfurcht gegen Gott die Wohltat dieser seiner Anordnung an. Sie erinnert an Gottes Reich, an Gottes Gebot und Gerechtigkeit und damit an die Verantwortung der Regierenden und Regierten. Sie vertraut und gehorcht der Kraft des Wortes, durch das Gott alle Dinge trägt.

Wir verwerfen die falsche Lehre, als solle und könne der Staat über seinen besonderen Auftrag hinaus die einzige und totale Ordnung menschlichen Lebens werden und also auch die Bestimmung der Kirche erfüllen. Wir verwerfen die falsche Lehre, als solle und könne sich die Kirche über ihren besonderen Auftrag hinaus staatliche Art, staatliche Aufgaben und staatliche Würde aneignen und damit selbst zu einem Organ des Staates werden.«

Damit ist die fundamentale Unterschiedenheit von Staat und Kirche festgehalten und eine Grundlage für die positive Verhältnisbestimmung benannt.

(4) Nach einem längeren Klärungsprozess veröffentlichte die Ev. Kirche in Deutschland ihre *Demokratie-Denkschrift* (Ev. Kirche in Deutschland 1985). In dieser Denkschrift wird die freiheitliche Demokratie als diejenige Herrschaftsform erkannt, die der Menschenwürde am besten entspricht. Auch ist sie am besten geeignet, der Fehlsamkeit und Sündhaftigkeit des Menschen auf Seiten der Regierten wie der Regierenden Rechnung zu tragen. Christenmenschen sind aufgefordert, in Wahrnehmung ihrer Berufung in der Welt, sich am demokratischen Geschehen zu beteiligen. Der Kirche kommt dabei die Aufgabe zu, solche Prozesse zu begleiten und anzuregen, nicht aber, selbst in staatliche Funktionen einzutreten (→ 4.6.3). Politische sind von Glaubensfragen zu unterscheiden. Unterschiedliche politische Ansichten stehen der kirchlichen Gemeinschaft nicht von vornherein entgegen.

3.2 Religionsrecht

3.2.1 Modelle religionsrechtlicher Ordnung

Das Religionsrecht bilden diejenigen Normen des staatlichen Rechts, die auf die religiöse Praxis von Menschen und Gemeinschaften bezogen sind. Damit reagiert der Staat auf den durch das Vorhandensein von Religion bestehenden Regelungsbedarf (→ 1.5.3). Im synchronen und diachronen Vergleich ist zu beobachten, dass es für die religionsrechtliche Ordnung ganz unterschiedliche Modelle gibt (Robbers 2005). Es gibt gewissermaßen keinen Normal-, sondern nur Sonderwege im Religionsrecht, die im Wesentlichen auf die Geschichte zurückzuführen sind. Die Schweiz zeichnet sich dadurch aus, dass in den Kantonen jeweils eigene Modelle bestehen. In systematisierender Betrachtung lassen sich sieben Typen unterscheiden (vgl. Brugger 2007).

Theokratie — Totalitarismus
Staatskirche — Laizität
Koordination — Paternalismus
Kooperation

Dabei setzen Theokratie, Staatskirche und Koordination die Eigenständigkeit des religiösen Rechts voraus und lassen dem staatlichen Recht daneben mehr oder weniger Raum, bzw. es entsteht ein Amalgam (Staatskirche). Demgegenüber setzen Totalitarismus, Laizität und Paternalismus bei der Souveränität des Staates und seiner umfassenden Ordnungskompetenz ein, während der Kooperationstyp einen Ausgleich zwischen staatlicher Souveränität und religiöser Freiheit zu finden sucht.

(1) *Theokratie.* Wenn zwischen weltlicher und religiöser Sphäre nicht unterschieden wird, kann alles Recht auf eine religiöse Begründung, ein *ius divinum*, zurückgeführt werden. Das religiöse Recht hat dann einen Totalitätsanspruch, der für weltliche Rechtsetzung wenig Raum lässt. Damit können auch weltliche Sachverhalte einer religiösen Normierung unterliegen. So hat das mittelalterliche kanonische Recht in weitem Umfang Materien geregelt, die nicht in unmittelbarem Zusammenhang mit kirchlichen Vollzügen stehen. Gegenwärtig begegnen theokratische Systeme vor allem im islamischen Kulturkreis.

(2) *Staatskirche.* Das Modell der Staatskirche zeichnet sich durch eine enge institutionelle Verbindung des Staates mit einer Kirche aus. So nehmen staatliche Organe Aufgaben der Kirchenleitung wahr, während der Kirche staatliche Verwaltungsaufgaben, beispielsweise im Friedhofs- und Personenstandswesen, übertragen sind. Lange Zeit war dies das Modell des Landesherrlichen Kirchenregiments. Heutige Beispiele sind England, Dänemark und Finnland. In Schweden ist mit dem Jahr 2000 das Staatskirchentum weitgehend gelockert worden. Bei diesem Modell bleibt stets die Frage virulent, ob die Kirche den Staat oder der Staat die Kirche vereinnahmt.

(3) *Koordination.* Das Modell der Koordination unterscheidet zwischen religiöser und weltlicher Rechtssphäre, betrachtet Staat und Religionsgemeinschaften als jeweils in sich abgeschlossene *societates perfectae* und lässt beide Rechtsordnungen unabhängig voneinander bestehen. Eine Koordination kann dann nur im Wege von Vertragsschlüssen zweier souveräner Partner stattfinden. Auf dieser Grundlage hat die römisch-katholische Kirche bis in das 20. Jh. hinein Konkordate abgeschlossen. In den ersten zwei Jahrzehnten nach dem Zweiten Weltkrieg hat die sog. Koordinations- oder Bereichsscheidungslehre, die diesem Ansatz folgt, auch in protestantischen Kreisen breiten Anklang gefunden (→ 2.4.3.1).

(4) *Totalitarismus.* Dem ersten Modell konträr ist der staatliche Totalitarismus, der die Zuständigkeit nicht nur für die äußere Ordnung, sondern auch für Fragen der Weltanschauung beim Staat monopolisiert. Einen eigenständigen religiösen Ordnungsraum gibt es dann nicht mehr. Das religiöse Recht wird der Sache nach vom Staat usurpiert, die Religionsgemeinschaften fallen

aus der Rechtsordnung heraus, und ihre Ordnungen werden ignoriert. Solche Ansätze hat es beispielsweise in der DDR gegeben: Die Kirchen hatten nach der Verfassungsreform von 1968 weder einen öffentlich-rechtlichen noch einen zivilrechtlichen Status und keinen Zugang zu staatlicher Gerichtsbarkeit.

(5) *Laizität.* Eine erste Abstufung ergibt sich, wenn der Staat religiöse Bezüge für das öffentliche Leben weitgehend ausschließt, den Religionsgemeinschaften aber die Möglichkeit lässt, sich in zivilrechtlichen Formen zu organisieren und so am Rechtsleben teilzunehmen. Dieser Gedanke liegt dem französischen Modell der Laizität zugrunde.

(6) *Paternalismus.* Eine zweite Abstufung ergibt sich, wenn ein Staat religiöser Tätigkeit Raum gibt und einen spezifischen Regelungsbedarf anerkennt, diesen aber nicht aus der Hand gibt, sondern auf der Grundlage seiner Souveränität das Recht für die Religionsgemeinschaften selbst setzt. Dabei muss er sich nicht notwendig mit dem Proprium der Religionsgemeinschaften identifizieren. Dies war das Modell des Territorialismus, das die Verantwortung für die Ordnung der Kirche in der territorialen Souveränität des Landesherrn begründete (→ 2.2.3.2). Heute finden sich solche Ansätze in Österreich, das manche Angelegenheiten von Religionsgemeinschaften durch staatliches Gesetz regelt.

(7) *Kooperation.* Zwischen staatlichem und religiösem Ordnungsanspruch vermittelnd ist das Modell freiheitlicher Kooperation, bei dem der Staat zwar einen umfassenden Souveränitätsanspruch erhebt und sich als Garant der Rechtsordnung versteht, bei dem aber innerhalb der staatlichen Ordnung den Religionsgemeinschaften das Recht eingeräumt wird, ihre Angelegenheiten selbständig zu ordnen. Dieses Modell liegt dem deutschen Verfassungsrecht nach Art. 4 Abs. 1 und 2, Art. 140 GG i. V. m. Art. 137 Abs. 3 WRV zugrunde. Zu seinen wichtigsten Elementen gehören die Trennung von Staat und Kirche (→ 3.2.3.1), das Grundrecht der Religionsfreiheit (→ 3.2.3.2), das Selbstbestimmungsrecht der Religionsgemeinschaften (→ 3.2.3.3) und der besondere Status als Körperschaft des öffentlichen Rechts (→ 3.2.3.4), den etliche Religionsgemeinschaften innehaben – darunter auch die beiden großen Kirchen.

3.2.2 Zentralbegriffe

3.2.2.1 Säkularität religionsrechtlicher Begriffe

Der Staat, der die »Heimstatt aller Bürger« (BVerfGE 19, 206 [216]) sein soll und der Religionsfreiheit verpflichtet ist, kommt nicht umhin, Sachverhalte mit religiöser Valenz zu regeln. Dabei ist zum einen die Gleichbehandlung der Religionsgemeinschaften, zum anderen die staatliche Neutralität (→ 3.2.3.1) zu beachten. Eine Rechtsordnung, die für Angehörige unterschiedlicher Religion oder Weltanschauung gleichermaßen gelten soll, muss selbst von religiösen Gehalten abstrahieren. Sie ist als eine säkulare Rahmenordnung zu verstehen, die für alle Religionen und Weltanschauungen anschlussfähig ist und ihnen die Möglichkeit einräumt, sich ihrem Selbstverständnis gemäß zu entfalten (M. Heckel 2009, 364–375).

Religionsrechtliche Begriffe sind als säkulare Rahmenbegriffe zu verstehen, die von den Religionsgemeinschaften nach ihrem Selbstverständnis auszufüllen sind. Dabei sind das Begriffsverständnis nach staatlichem Recht und nach religionsgemeinschaftlichem Selbstverständnis zu unterscheiden. Im Wesentlichen werden die gleichen Lebenssachverhalte erfasst; es können sich aber auch signifikante Abweichungen ergeben. So verweist z. B. der Begriff »Gottesdienst« im staatlichen Recht auf eine besondere rituelle Feier, während christlicher Glaube das ganze Leben der Gläubigen als einen fortwährenden Gottesdienst begreifen kann (Röm 12,1).

3.2.2.2 Religion

Die religionswissenschaftlichen Schwierigkeiten bei der Bestimmung des Begriffs »Religion« (→ 1.1.1.2) schlagen sich auch im Recht nieder. Jede Definition steht in der Gefahr, Religion zu sehr einzugrenzen und damit die Religionsfreiheit zu beeinträchtigen. Hinzu kommt, dass jede Definition religiös-weltanschauliche Implikationen hat und in Widerspruch zur Säkularität und Neutralität des Staates geraten kann.

Ähnliche Schwierigkeiten ergeben sich bei Begriffen wie »Kunst« und »Wissenschaft« (→ 4.6.1.5). Auch hier droht eine Verkürzung der Freiheit, wenn vom staatlichen Recht aus zu enge Bestimmungen vorgenommen werden. Hinzu kommt, dass diese Begriffe unter denjenigen, die in diesem Feld tätig sind, ebenfalls umstritten sind. Das Recht kommt nicht umhin, bei der Anwendung dieser Begriffe vor allem auf das Selbstverständnis der Akteure zu rekurrieren, kann aber auch nicht auf eigene typologische Beschreibungen verzichten. »Als Religion ist zu beobachten, was religiöse Kommunikation als religiöse Kommunikation (an)erkennt« (Heinig 2003, 58).

So hat das Bundesverfassungsgericht festgestellt, dass der Staat die Religionsfreiheit verletzen würde, wenn er bei der Auslegung das Selbstverständnis der Religions- und Weltanschauungsgemeinschaften nicht berücksichtigte (BVerfGE 24, 236 [247f.]). Andererseits müsse es sich »auch tatsächlich, nach geistigem Gehalt und äußerem Erscheinungsbild, um eine Religion [...] handeln« (BVerfGE 83, 341 [353]). Religion kann danach beschrieben werden als eine Gesamtsicht auf die Welt und die Stellung des Menschen, seine Herkunft und sein Ziel sowie auf Beziehungen zu Mächten außerhalb seiner Verfügung und seines innerweltlichen Erfahrungsraumes (BVerwGE 90, 112 [115]). Damit ist zumindest eine erste Orientierung gegeben.

3.2.2.3 Religionsgesellschaft

Das Verfassungsrecht erfasst religiöse Gemeinschaften mit dem Begriff der »Religionsgesellschaft« (oder nahezu synonym »Religionsgemeinschaft«) (de Wall 2015; Heinig 2019, 1). Dieser Begriff entstammt nicht christlicher Tradition, sondern der Aufklärung (→ 2.2.3.3). Er dient dazu, von den Spezifika einer religiös bestimmten Gemeinschaft zu abstrahieren und diese insofern zu erfassen, als sie für die säkulare staatliche Rechtsordnung relevant ist. Er soll als Rahmenbegriff für unterschiedliche Religionen anschlussfähig sein. Es handelt sich dabei um einen Schlüsselbegriff des Religionsrechts, weil er den Anknüpfungspunkt für eine ganze Reihe von Gewährleistungen bildet. Nach einer allgemein anerkannten Formulierung wird unter einer Religionsgesellschaft ein »Verband verstanden, der die Angehörigen ein und desselben Glaubensbekenntnisses – oder mehrerer verwandter Glaubensbekenntnisse – zu allseitiger Erfüllung der durch das gemeinsame Bekenntnis gestellten Aufgaben zusammenfaßt« (Anschütz 1933, Art. 137 Tz. 2). Vier Merkmale werden damit relevant:

(1) Eine Religionsgesellschaft hat natürliche Personen zu ihren *Mitgliedern*, denn religiöse Überzeugung ist eine höchstpersönliche Angelegenheit. (Juristisch erfasst »persönlich« auch das Handeln durch einen Stellvertreter, während »höchstpersönlich« Stellvertretung ausschließt.) Diese müssen zu ihr in einer erkennbaren Form der Zugehörigkeit stehen. Mittlerweile hat sich die Einsicht verbreitet, dass dafür keine explizite Rechtsform wie die Kirchenmitgliedschaft bestehen muss. Es bedarf aber wenigstens einer vom individuellen Willen, bzw. bei Minderjährigen vom Willen ihrer Sorgeberechtigten, getragenen Zuordnung zu einer bestimmten Religionsgesellschaft. Im Umkehrschluss ergibt sich daraus, dass niemand ohne seine Zustimmung von einer Religionsgesellschaft verein-

nahmt werden darf. Darum kann auch nicht gefordert werden, dass eine Religionsgesellschaft alle Angehörigen einer bestimmten Religionsrichtung umfassen muss.

(2) Eine Religionsgesellschaft muss ein Mindestmaß an *Organisationsstruktur* und Dauerhaftigkeit aufweisen. Zumindest muss erkennbar sein, wer sie gegenüber dem Staat oder anderen vertritt und mit welchen Kompetenzen dies geschieht. Auf eine bestimmte Organisationsform kommt es nicht an. Gegenwärtig wird vor allem diskutiert, ob islamische Dachverbände die Voraussetzungen einer Religionsgesellschaft erfüllen (Heinig 2019).

(3) Von anderen Vereinigungen unterscheiden sich Religionsgesellschaften vor allem dadurch, dass es bei ihnen um *Religion* geht (→ 3.2.2.2).

(4) Schließlich dient eine Religionsgesellschaft der *umfassenden Wahrnehmung* der durch die Religion gestellten Aufgaben. Dadurch unterscheidet sie sich von einem religiösen Verein, der nur bestimmte Aufgaben wahrnimmt (→ 4.2.7). Was dabei unter »umfassend« zu verstehen ist, richtet sich wieder nach dem Selbstverständnis der Religionsgemeinschaft. So ist es nicht erforderlich, einen den christlichen Kirchen entsprechenden Aufgabenkatalog wahrzunehmen und beispielsweise diakonisch tätig zu sein.

Es widerspricht dem Wesen einer Religionsgesellschaft auch nicht, wenn außer genuin religiösen auch andere Aufgaben wahrgenommen werden, die mit der Religionspraxis in einem gewissen Zusammenhang stehen (→ 1.2.5). Problematisch wird es allerdings, wenn das religiöse Moment durch andere Ziele so stark überlagert wird, dass man Zweifel haben kann, ob es im Kern tatsächlich um die Religion geht. Dies ist der Grund, warum Scientology in der Rechtsprechung nicht als Religionsgesellschaft angesehen wird. –

Obwohl es zentrale Bedeutung hat, ob eine Organisation Religionsgesellschaft ist, gibt es in Deutschland bislang kein förmliches Verfahren der *Anerkennung*, um diesen Status festzustellen (Thiele 2015). Die Frage ist vielmehr jeweils aus konkretem Anlass, wie z. B. der Einrichtung von Religionsunterricht (→ 4.6.1.4) oder der Verleihung des Status als Körperschaft öffentlichen Rechts, von Verwaltung und Gerichten zu klären.

3.2.3 Kernelemente des deutschen Religionsrechts

Die zentralen Regelungen des deutschen Religionsrechts ergeben sich aus Art. 4 Abs. 1 und 2 GG sowie aus den Artikeln der Weimarer Reichsverfassung, die gemäß Art. 140 GG als Bestandteil des Grundgesetzes gelten.

3.2.3.1 Trennung von Staat und Kirche

Die seit 1918 bestehende Trennung von Staat und Kirche findet ihren Ausdruck in Art. 137 Abs. 1 WRV mit dem lapidaren Satz:

»Es besteht keine Staatskirche.«

Die Trennung betrifft in ihrer formellen Dimension die Organisation. Staat und Kirche stehen sich als eigenständige Körperschaften gegenüber und haben ihren jeweils eigenen Organisationsaufbau. Die organisatorische Trennung schließt andererseits *Kooperation* zwischen Staat und Kirche nicht aus. Diese ist vielmehr geboten, wenn ein bestimmter Lebenszusammenhang zugleich Zuständigkeiten des Staates und von Religionsgemeinschaften betrifft. Deswegen von »hinkender Trennung« (Stutz 1926, 54 Fn. 2) zu sprechen, vernebelt einen klaren Sachverhalt. So ist in staatlichen Einrichtungen immer dann eine Beteiligung von Religions- und Weltanschauungsgemeinschaften nötig, wenn es um religiös-weltanschauliche Fragen geht. Der Staat kann dann gar nicht allein handeln, es handelt sich um eine »gemeinsame Angelegenheit« (*res mixta*) von Staat und Religionsgemeinschaft. Viele Fragen werden darum durch Verträge zwischen Staat und Kirche geregelt (sog. *Staatskirchenverträge*).

Denn die Trennung von Staat und Kirche hat außerdem eine inhaltliche Dimension. Dem Staat ist es verwehrt, sich mit einer bestimmten Religion oder Weltanschauung zu identifizieren oder eine Staatsreligion oder Staatsweltanschauung auszubilden. Die Beurteilung religiöser und weltanschaulicher Fragen steht nicht dem Staat, sondern den Religions- und Weltanschauungsgemeinschaften und ihren Mitgliedern zu. Der Staat ist zu *religiös-weltanschaulicher Neutralität* verpflichtet. Die Maßstäbe, nach denen er das Verhalten (und nicht die Lehre) von Religionsgemeinschaften beurteilt, können sich nur aus der Verfassungsordnung ergeben.

Das Neutralitätsprinzip ist im Grundgesetz nicht als solches formuliert. Es ergibt sich aus dem Gebot der Gleichbehandlung (Art. 3 GG), dem Grundrecht der Religionsfreiheit (Art. 4 Abs. 1 und 2 GG) und dem Trennungsgebot (Art. 137 Abs. 1 WRV) (Dreier 2018, 96–98). Es stellt auch keinen überverfassungsrechtlichen Grundsatz dar, auf dessen Grundlage die bestehende Verfassungsordnung infrage gestellt werden könnte. Darum ist tunlich nicht allein auf der Grundlage eines abstrakt verstandenen Neutralitätsprinzips, sondern stets in Bezug auf die konkreten Normen nach der Lösung religionsrechtlicher Probleme zu suchen.

3.2.3.2 Religionsfreiheit

Die Religionsfreiheit ist in Art. 4 Abs. 1 und 2 GG verankert.

> »Artikel 4. (1) Die Freiheit des Glaubens, des Gewissens und die Freiheit des religiösen und weltanschaulichen Bekenntnisses sind unverletzlich.
> (2) Die ungestörte Religionsausübung wird gewährleistet.«

Während in den Anfangsjahren der Bundesrepublik unter Religionsausübung vorrangig gängige Betätigungen ritueller und kultischer Art wie Gottesdienst, Glockenläuten, Prozessionen, Wallfahrten und das Zeigen von Kirchenfahnen verstanden wurden, hat das Bundesverfassungsgericht den Schutzbereich dieses Grundrechts wesentlich weiter interpretiert. Danach wird jeder darin geschützt, sein gesamtes Verhalten an seiner Religion auszurichten. Damit können auch Handlungen wie das Sammeln von Altkleidern (BVerfGE 24, 236) geschützt sein, deren religiöser Charakter allein in der Motivation des Grundrechtsträgers besteht. Weil dadurch das Grundrecht der Religionsfreiheit uferlos zu werden droht, wird immer wieder vorgeschlagen, den Schutzbereich einzugrenzen. Es ist jedoch nicht gelungen, dafür brauchbare Kriterien anzugeben. Von denjenigen, die sich auf die Religionsfreiheit berufen, ist aber zumindest zu fordern, dass sie plausibel machen, warum ein bestimmtes Verhalten als religiös zu gelten hat.

Es ist offensichtlich, dass nicht jede Handlung, von der jemand behauptet, sie sei religiös motiviert, auch vollzogen werden darf. Die Freiheit der Religionsausübung findet – wie jede Freiheit – ihre Schranken an anderen durch die Verfassung geschützten Freiheiten und Gütern. So kann das rituelle Schächten aus Gründen des Tierschutzes (Art. 20a GG), die Beschneidung (§ 1631d BGB) zum Schutz von Leben und Gesundheit (Art. 2 Abs. 2 GG) und das Tragen eines Kopftuchs durch staatliche Bedienstete wegen der staatlichen Neutralität (→ 3.2.3.1) eingeschränkt werden. Im Falle einer Kollision der Religionsfreiheit mit einem anderen Verfassungsgut ist durch Abwägung ein verträglicher Ausgleich zu finden (sog. *praktische Konkordanz*). Der Gesetzgeber hat dabei die Aufgabe, die allgemeinen Vorgaben der Verfassung zu konkretisieren.

Die Religionsfreiheit kann schließlich wie die meisten anderen Grundrechte nicht nur durch Individuen, sondern auch gemeinschaftlich ausgeübt werden. Im Unterschied zu anderer gemeinschaftlicher Freiheitsbetätigung sieht das Verfassungsrecht für Religionsgemeinschaften allerdings Spezialbestimmungen vor.

3.2.3.3 Kirchliches Selbstbestimmungsrecht

Das Selbstbestimmungsrecht der Religionsgesellschaften ist in Art. 137 Abs. 3 WRV garantiert.

> »Jede Religionsgesellschaft ordnet und verwaltet ihre Angelegenheiten selbständig innerhalb der Schranken des für alle geltenden Gesetzes. Sie verleiht ihre Ämter ohne Mitwirkung des Staates oder der bürgerlichen Gemeinde.«

Jede Religionsgesellschaft kann ihre Angelegenheiten selbständig ordnen und verwalten. Dazu gehören insbesondere Lehre und Kultus, Verfassung und Organisation, Ausbildung der Geistlichen, Rechtsstellung der Mitglieder, Vermögensverwaltung und Diakonie. Dabei stehen den Religionsgemeinschaften alle Rechtsformen des bürgerlichen Rechts zur Verfügung. Die Religionsgemeinschaften haben auf dieser Grundlage aber auch die Möglichkeit ein eigenes Recht auszubilden, soweit dies mit dem Rahmen des staatlichen Rechts vereinbar ist (Reisgies 2017, 75–82).

Seine Schranke findet das Selbstbestimmungsrecht der Religionsgesellschaften am *»für alle geltenden Gesetz«*. Was darunter zu verstehen sei, ist seit Bestehen der Norm unterschiedlich beantwortet worden (Heinig 2003, 156–161). Nach der heute überwiegend vertretenen Abwägungslehre ist einerseits festzustellen, welches Rechtsgut durch ein staatliches Gesetz geschützt werden soll, andererseits in welchem Maß eine Religionsgemeinschaft in ihrem Selbstverständnis durch die Regelung tangiert wird. Letztlich läuft es damit auf eine Verhältnismäßigkeitsprüfung hinaus. Eine Norm ist ein für »alle geltendes Gesetz«, wenn sie dem legitimen Schutz eines Rechtsgutes dient, ohne das Selbstverständnis der Religionsgemeinschaft unverhältnismäßig zu beeinträchtigen. So sind z. B. beim Bau von Kirchen liturgische und dem Schutz von Leben und Gesundheit dienende baurechtliche Vorgaben in einen Ausgleich zu bringen.

3.2.3.4 Körperschaft öffentlichen Rechts

Religionsgemeinschaften steht der Status als Körperschaft des öffentlichen Rechts offen (Muckel 2018), wenn sie durch ihre Mitgliederzahl und ihre Verfassung die Gewähr der Dauer bieten und nicht im Widerspruch zu fundamentalen Verfassungsgrundsätzen stehen. Ihnen stehen damit über die Rechtsformen des Privatrechts auch diejenigen des öffentlichen Rechts zur Verfügung. Sie können sich damit einfacher so organisieren, wie es ihrem Selbstverständnis entspricht.

Allerdings führt gerade der Körperschaftsstatus immer wieder zu Unsicherheiten und Verwirrungen. Als man ihn 1919 in die Verfassung geschrieben hat, hat man sich nicht genau Rechenschaft darüber gegeben, was damit gemeint sei. Er firmiert darum lange Zeit als »rätselhafter Ehrentitel« (Smend 1951, 9) und fand sehr unterschiedliche Interpretationen. Heute stehen sich im Wesentlichen zwei Lesarten gegenüber (Munsonius 2016, 146–148):

- Eine *institutionell-materielle* Lesart betont, dass mit dem Körperschaftsstatus eine besondere, auf partnerschaftliche Kooperation angelegte Beziehung zum Staat begründet wird. Die Religionsgemeinschaften mit diesem Status wirken zusammen mit dem Staat zugunsten des Allgemeinwohls. Nach dieser Lesart erscheint es angemessen, die Bedeutung einer Religionsgemeinschaft im öffentlichen Leben bei der Verleihung der Körperschaftsrechte zu berücksichtigen.
- Die *grundrechtlich-funktionale* Lesart versteht den Körperschaftsstatus als ein Mittel für die effektivere Ausübung der Religionsfreiheit. Durch diesen Status werden die religiöse Vereinigungsfreiheit, Organisationsfreiheit und Betätigungsfreiheit der Religionsgemeinschaften, die schon in Art. 4 Abs. 1 und 2 GG begründet sind, effektiviert. Gemeinwohldienliche Folgewirkungen werden damit nicht ausgeschlossen, aber auch nicht zur normativen Anforderung erhoben.

Das Bundesverfassungsgericht hat in der Entscheidung zu den Zeugen Jehovas festgestellt, dass der Körperschaftsstatus »ein Mittel zur Entfaltung der Religionsfreiheit« ist (BVerfGE 102, 370 [387]). Bei einer solchen Interpretation des Körperschaftsstatus ist es möglich, dem nüchternen Gestus von Art. 137 Abs. 5 WRV folgend die Anforderungen an die Religionsgemeinschaften an den Funktionsbedingungen des Religionsverfassungsrechts zu orientieren. Der Verfassungstext nennt hierzu allein die Gewähr der Dauer, die durch die Zahl der Mitglieder und die Verfassung gegeben sein muss. Nach der Rechtsprechung des Bundesverfassungsgerichts muss hinzukommen, dass die Grundlagen des bestehenden Verfassungsrechts nicht beeinträchtigt werden. Eine besondere Anerkennungswürdigkeit oder Staatsloyalität ist darüber hinaus nicht zu fordern.

Bei Art. 137 Abs. 5 S. 2 WRV geht es eben nicht um die Verleihung eines »rätselhaften Ehrentitels«, sondern um die Verleihung bestimmter mit dem Körperschaftsstatus verbundener Rechte. Diese ergeben sich aus der mittlerweile gefestigten Interpretation von Art. 137 Abs. 5 WRV und aus einfachgesetzlichen Normen, die auf diesen Status Bezug nehmen. Als wesentliche Elemente lassen sich die Organisationsgewalt (→ 4.2), Dienstherrenfähigkeit (→ 4.3.5), Rechtsetzungsgewalt, sowie Widmungs- (→ 4.7.1), Parochial- (→ 4.2.1; 4.3.2) und Besteuerungsrecht (→ 4.7.2.1) ausmachen. Der Status ermöglicht den Religionsgemeinschaften, ihre Organisation und ihr Handeln *öffentlich-rechtlich* zu gestalten. Damit haben sie in weit größerem Maß als in den Formen des Privatrechts die Möglichkeit, sich so zu organisieren, wie es ihrem religiösen Selbstverständnis entspricht. Der möglicherweise bestehende Hiatus zwischen privatrechtlichem Kleid und religionsrechtlicher Binnenordnung kann so überwunden werden.

3.2.3.5 Europarecht

Im europäischen Horizont ist zunächst zu beachten, dass die Staaten unterschiedliche religionsrechtliche Modelle von der Staatskirche bis zum Laizismus ausgeprägt haben (→ 3.2.1). Dem ist in der gemeineuropäischen Rechtsentwicklung Rechnung zu tragen. Die Europäische Union (als Nachfolger der Europäischen Gemeinschaften) hat darum auch kein religionsrechtliches Mandat. Gleichwohl kann sich ihre vor allem wirtschaftsbezogene Rechtsetzung mittelbar auf die Religionspraxis auswirken. Beispiele sind Regelungen zur Sonn- und Feiertagsarbeit, zur Datenerfassung religionsbezogener Merkmale und zum Schutz vor Diskriminierung (→ 4.3.4.2). Um den unterschiedlichen religionsrechtlichen Ordnungen der Mitgliedsstaaten gerecht zu werden, ist in Art. 17 AEUV geregelt, dass der Status von Kirchen und weltanschaulichen Gemeinschaften, den diese nach mitgliedsstaatlichem Recht innehaben, geachtet wird. Gleichwohl ist es eine beständige Herausforderung, im europäischen Kontext die Besonderheiten des eigenen Modells plausibel zu machen.

Die Leitwährung des europäischen Religionsrechts stellt die Religionsfreiheit nach Art. 9 EMRK dar, der für fast fünfzig europäische Staaten und für die Europäische Union gilt. Der Wortlaut garantiert bereits die individuelle und die gemeinschaftliche Ausübung der Freiheiten. Darüber hinaus ist durch die Rechtsprechung mittlerweile anerkannt, dass auch verfasste Religionsgemeinschaften sich auf dieses Freiheitsrecht berufen können. Diese korporative Religionsfreiheit entspricht nicht unmittelbar den Garantien nach Art. 140 GG i. V. m. Art. 137 WRV. Denn die Europäische

Menschenrechtskonvention gilt für unterschiedliche religionsrechtliche Systeme und garantiert insofern nur einen gemeineuropäischen Mindeststandard, den die Staaten durch ihre Rechtsordnung differenziert gestalten können.

3.3 Kirchenrecht

3.3.1 Funktion

Das Kirchenrecht ist die verbindliche Ordnung des kirchlichen Handelns, wie sie von der Kirche selbst hervorgebracht wird. Es ist damit auch »die Form, in der sich die Gemeinschaft der Getauften im Vertrauen auf die verheißene Gegenwart Gottes darüber verständigt, welches kirchliche Handeln als geistlich angezeigt verantwortet werden soll« (Germann 2016, Rn. 171). Die Vielfalt des kirchlichen Handelns und die Vielzahl der beteiligten Akteure löst einen erheblichen *Koordinationsbedarf* aus, der nur durch das Kirchenrecht befriedigt werden kann. Nur so ist es möglich, unter den geschichtlichen Bedingungen endlicher Freiheit kirchliches Handeln wirkungsvoll in gemeinschaftlicher Verantwortung ins Werk zu setzen und innerhalb der staatlichen Rechtsordnung eigene Verbindlichkeit auszuprägen (→ 1.1.3.2).

Neben der Koordination ermöglicht das Kirchenrecht zudem die *Repräsentativität* des kirchlichen Handelns. Über den organisationellen Zusammenhang von Entscheidungen können die Entscheidungen (und Handlungen) einzelner der Organisation insgesamt zugerechnet werden (Schimank 2016, 327–341). Wer mit einer kirchlichen Aufgabe betraut ist, wird so zum Repräsentanten der rechtlich verfassten Partikularkirche und, weil diese ihrerseits die Universalkirche repräsentiert, auch zu deren Repräsentant (→ 1.3.3[5]). Solche Repräsentationsstrukturen sind in CA 14 grundgelegt, indem für die als notwendig erachtete öffentliche Wahrnehmung des Verkündigungsdienstes eine ordentliche Berufung zur Voraussetzung gemacht wird. »Öffentlich« meint in diesem Zusammenhang gerade dies, dass jemand aufgrund seiner ordentlichen Berufung als Repräsentant für die Kirche tätig wird (→ 1.5.1.2).

Das Kirchenrecht ist also in erster Linie *Organisationsrecht*. Es bestimmt, wer am kirchlichen Handeln beteiligt ist, verteilt Aufgaben und Kompetenzen und regelt so die Verantwortlichkeit für das kirchliche Handeln. Es konstituiert ein differenziertes Organisationsgefüge und ordnet die unterschiedliche Beteiligung der Akteure. Es regelt die Verfahren vor allem der

Rechtsgestaltung, Rechtsanwendung und Rechtsgewährleistung (→ 4.4). Auf diese Weise kann in einem komplexen Handlungsgefüge gewährleistet werden, dass alle Beteiligten in der gebotenen Weise beteiligt werden. Außerdem kann so transparent werden, wie Entscheidungen über das kirchliche Handeln zustande kommen. Das Kirchenrecht konstituiert die gemeinschaftliche Verantwortung der Getauften für das kirchliche Handeln insgesamt.

Im Hinblick auf das Organisationsrecht weist das Kirchenrecht zwar gewisse Eigentümlichkeiten auf. Prinzipiell unterscheiden sich die Regelungsprobleme aber nicht von denen vergleichbarer staatlicher oder anderer gesellschaftlicher Organisationen. Die Regelungsmodelle sind sich darum sehr ähnlich. Auch im Hinblick auf die Rechtsanwendung besteht zunächst kein Unterschied zu sonstigem Recht. Es können die gleichen Methoden der Rechtsauslegung angewendet werden.

3.3.2 Eigenart

3.3.2.1 Normativität von Schrift und Bekenntnis

Das Kirchenrecht kann sich nicht im Organisatorischen erschöpfen. Denn dies bezieht sich zunächst nur auf die Kirche unter einem Aspekt ihrer geschichtlichen Realität. Damit allein würde es aber dem Wesen der Kirche nicht gerecht. Deshalb muss irgendwie, sei es durch kontinuierliche Praxis oder durch normative Setzungen, ein Bezug zu den anderen Aspekten des Kirchenbegriffs (→ 1.1.2), also zur Kirche als geistlicher und leiblicher Gemeinschaft hergestellt werden. Aus diesem Grund finden sich in den geltenden Kirchenverfassungen der evangelischen Kirchen in Deutschland unterschiedliche Bezüge auf Bekenntnisaussagen (Neie 2009; Pirson 2002). Diese lassen sich in vier Gruppen unterteilen:

(1) Auf der ersten Ebene werden das Urbekenntnis »Jesus Christus«, das Bekenntnis zum dreieinigen Gott und die altkirchlichen Bekenntnisse aufgenommen. Weiter können hier Bezüge auf die Heilige Schrift verortet werden.

(2) Seitdem jedoch in der Reformationszeit innerhalb der abendländischen Kirche strittig geworden ist, was diese Grundlagenbekenntnisse für die erfahrbare Gestalt der Kirche bedeuten, sind auf einer zweiten Ebene weitere Aussagen erforderlich. Die römische Kirche hat diese Aussagen auf dem Trienter Konzil (1545–1563) getroffen. Seitdem kann von der römisch-

katholischen Kirche als *Konfessionskirche* gesprochen werden. In den evangelischen Kirchen können solche Aussagen heute zum einen getroffen werden, indem die Geltung bestimmter reformatorischer Bekenntnistexte statuiert wird. Zu nennen sind insbesondere das Augsburger Bekenntnis von 1530 (CA), der Kleine Katechismus Martin Luthers oder der Heidelberger Katechismus. Zum anderen können bestimmte reformatorische Bekenntnisaussagen erneut ausgesprochen werden. Dazu gehören insbesondere die vier »Allein«: *sola fide, sola gratia, solus Christus* und *sola scriptura* (allein durch den Glauben, allein durch Gnade, allein Christus, allein durch die Schrift). Insofern eignet den Bezügen auf die Heilige Schrift über den Rückbezug auf die frühe Christenheit hinaus auch ein Moment der Abgrenzung gegenüber der römischen Kirche.

(3) Auf einer dritten Ebene sind Aussagen zu verorten, bei denen es um die Bewältigung der konfessionellen Differenzen innerhalb der evangelischen Christenheit geht. Einerseits kann es um die Begründung einer *Kirchengemeinschaft* bei bestehender konfessioneller Differenz gehen (Verwaltungsunion, Leuenberger Konkordie), andererseits um die Überwindung der Differenz durch ein Unionsbekenntnis (Baden, Pfalz).

(4) Schließlich kann es zur Aufnahme weiterer Bekenntnisaussagen angesichts neuer geschichtlicher Situationen kommen. So wird in manchen Kirchen die Barmer Theologische Erklärung von 1934 als Bekenntnisschrift angesehen oder ihr wenigstens eine maßgebliche Bedeutung zuerkannt, und verschiedentlich wurden bekenntnisartige Aussagen über das Verhältnis der Kirche zu Israel in die Verfassungstexte aufgenommen. Dabei lässt sich ein gewisser Unterschied zwischen der lutherischen und der reformierten (und unierten) Tradition feststellen. Nach lutherischem Verständnis ist der Kanon der Bekenntnisschriften mit dem Konkordienbuch von 1580 abgeschlossen. Alle späteren Äußerungen sind immer an diesen Fundamentaltexten der lutherischen Kirche zu messen. Die reformierte Tradition betont demgegenüber das Erfordernis eines immer wieder aktuellen Bekennens und kennt darum keinen abgeschlossenen Kanon von Bekenntnisschriften. –

Schrift und Bekenntnis werden auf diese Weise im Verfassungsrecht der Kirchen verankert, in ihrer Normativität jedoch vom positiven Kirchenrecht unterschieden. Über Bekenntnisaussagen kann nicht mit Mehrheit entschieden werden, sondern es bedarf eines *magnus consensus*, d. h. die Aussage muss in der kirchlichen Gemeinschaft einhellig vertreten werden (Reisgies 2017, 154–159). Schrift und Bekenntnis sind auch kein *ius divinum*, aus dem unmittelbar Rechtsfolgen abgeleitet werden könnten, sondern Verständigungshorizont und Erkenntnisquelle für Rechtsgestaltung und

-anwendung. Als *ius divinum* können allenfalls sehr elementare Strukturmerkmale angesehen werden, die der kirchenrechtlichen Ausgestaltung bedürfen (→ 1.5.1.2).

3.3.2.2 Pathosformeln

Das Kirchenrecht zeichnet sich über die Bezugnahme auf Schrift und Bekenntnis hinaus (→ 3.3.2.1) durch eigentümliche Normierungen aus, die sich einer schlichten Rechtsanwendung entziehen. Sie sollen hier als Pathosformeln bezeichnet werden.

Unter einer *Pathosformel*[1] möchte ich Regelungen verstehen, die in verdichteter Form fundamentale Aussagen treffen, für vielfältige Lesarten anschlussfähig sind und so zugleich integrierend und polarisierend wirken können. Sie bilden für die Selbstverständigung von Gemeinschaften wesentliche Kristallisationspunkte, stehen aber in der Gefahr, zugrundeliegende Spannungen zu verdecken, und bedürfen der Entfaltung, um produktiv wirken zu können. Pathosformeln leisten im Unterschied zum übrigen Recht keine Erwartungsstabilisierung, indem sie durchsetzbare Positionen definieren, sondern bringen Verunsicherung in das System und lösen Verständigungsprozesse aus.

Beispiele für Pathosformeln im Kirchenrecht sind vor allem der Grundsatz der Dienstgemeinschaft (→ 1.3.2) und das sog. »Leitungsdogma«, wonach alle Kirchenleitung geistlich und rechtlich in unaufgebbarer Einheit geschieht (→ 3.3.3). Die Pathosformeln des evangelischen Kirchenrechts haben alle eine in sich spannungsreiche, widersprüchliche, gar paradoxe Struktur, die es verhindert, sich mit vorschnellen Antworten zufrieden zu geben, und stattdessen ein Nachdenken auszulösen vermag, das immer weiter zur Klärung und Verständigung über besonders neuralgische Punkte des kirchlichen Lebens beiträgt.

Pathosformeln tragen dazu bei, innerhalb der kirchlichen Ordnung an das zu erinnern, was durch das Kirchenrecht nicht erfasst werden kann, um dessentwillen aber alle kirchliche Ordnung da ist. Sie bringen die Eigenart des Kirchenrechts zur Geltung und sind notwendiger Bestandteil eines recht verstandenen Kirchenrechts. Sie stellen die Form dar, einen Sachverhalt zugleich theologisch und juristisch zu erfassen, ihn zu beschreiben und ihn aufzuladen.

---

1 Den Begriff übernehme ich von Albrecht 2013.

3.3.2.3 Rechtssubjektivität

Die Konstituierung einer kirchlichen Rechtsstellung geht mit der Zuordnung von Rechten und Pflichten einher. Wenn im Kirchenrecht von Rechtspositionen oder subjektiven Rechten gesprochen wird, ist damit allerdings etwas anderes als im staatlichen Recht gemeint (→ 3.1.1). Denn das Kirchenrecht dient weder dem Schutz von Einzelinteressen noch einem Allgemeinwohl, sondern der Verwirklichung des kirchlichen Auftrags. Dieser Auftrag trifft alle am kirchlichen Handeln Beteiligten in gleicher Weise, so dass von Interessengegensätzen oder einem Hoheitsanspruch nicht in gleicher Weise wie im staatlichen Recht gesprochen werden kann. Zwar sind auch in der Kirche Interessengegensätze und Machtausübung festzustellen. Jedoch stellen diese nicht den Ausgangspunkt kirchenrechtlicher Gestaltung dar.

Der sachliche Grund für subjektive kirchliche Rechte ist beim kirchlichen Auftrag als Grund des Kirchenrechts überhaupt zu suchen. Subjektive Rechte im Kirchenrecht dienen dazu, allen, die am kirchlichen Handeln beteiligt sind, den nötigen Einfluss zur besseren Verwirklichung des kirchlichen Auftrags zu sichern. »Ein Recht in der Kirche ist die dem einzelnen im Interesse des richtigen kirchlichen Handelns zugewiesene Position« (Pirson 1982, 122), ihm kommt damit eine Hilfsfunktion zu.

Innerhalb dieser Funktion ist es dann auch wieder möglich, durch die Zuweisung subjektiver Rechte den Interessen Einzelner Rechnung zu tragen. Denn es liegt durchaus im Interesse des richtigen kirchlichen Handelns, dass innerhalb der Kirche gerechte Verhältnisse herrschen und niemand als bloßes Objekt, sondern stets auch als Subjekt der kirchlichen Ordnung in Erscheinung tritt.

Anlass für die Positivierung subjektiver Rechte besteht im Kirchenrecht zunächst aus praktischen Gründen, um Aufgaben bestimmten Beteiligten zuzuweisen und diese mit den Kompetenzen auszustatten, die sie für die Erfüllung ihrer Aufgaben brauchen (Koordination). Außerdem kann es dazu kommen, dass Einzelne in ihrer Mitwirkung ohne sachlichen Grund beeinträchtigt werden, womit nachteilige Wirkungen für die Verwirklichung des kirchlichen Auftrags einhergehen (Konflikt). Darum ist es auch in der Kirche angebracht, einzelnen Beteiligten subjektive Rechte zuzuerkennen und so die Möglichkeit zu geben, in rechtlich geordneten Verfahren zur Geltung zu bringen, was zur Erfüllung des kirchlichen Auftrags angezeigt ist. Durch die Ausübung subjektiver Rechte wird so individualisierte Verantwortung für den der ganzen Kirche gegebenen Auftrag wahrgenommen.

Zur Frage, was das Kriterium der Rechtsfähigkeit im Kirchenrecht ist, werden im Wesentlichen zwei Ansätze vertreten. Zum einen wird die kirchliche Rechtsfähigkeit ausschließlich an die Taufe als Ausdruck der Teilhabe an Auftrag und Verheißung der Kirche geknüpft. Ungetaufte können dann vom Kirchenrecht aufgrund dessen »bürgerlicher Wirksamkeit« betroffen sein (Germann 2004; 2016, Rn. 159). Zum anderen wird die Einbeziehung in das kirchliche Handeln als das vorrangige Kriterium angesehen (Munsonius 2014). Dabei kann die Rechtsstellung danach differenziert werden, in welchem Modus jemand am kirchlichen Handeln teilhat (→ 1.3.3). Ob hierfür jeweils die Taufe vorauszusetzen ist, kann dann mit guten theologischen Gründen unterschiedlich beantwortet werden und ist insofern Gegenstand der Rechtsgestaltung, die von der Gemeinschaft der Getauften getragen wird.

3.3.3 Leitungsdogma

Kirchenrecht, verstanden als die Ordnung des kirchlichen Handelns, weist stets eine materiell-geistliche Dimension auf, bei der es darum geht, inwiefern etwas als kirchliches Handeln zu qualifizieren ist. Und es weist eine formell-rechtliche Dimension auf, durch die die gemeinschaftliche Verantwortung für dieses Handeln konstituiert wird. Der Zusammenhang der geistlichen und der rechtlichen Dimension ist Gegenstand des sog. »Leitungsdogmas«, wonach alle Kirchenleitung geistlich und rechtlich in unaufgebbarer Einheit geschieht (Munsonius 2019). Dieses Leitungsdogma hat Eingang in etliche Kirchenverfassungen gefunden. Es kann aber auch unabhängig von einer positiven Normierung als »Fundamentalsatz des neuen evangelischen Kirchenverfassungsrechts« (Maurer 1976, 548 Fn. 26) jeder kirchlichen Ordnung zugrunde gelegt werden. Denn wollte man die materiale geistliche oder die formale rechtliche Dimension preisgeben, würde entweder die Kirchlichkeit oder die Rechtlichkeit des Kirchenrechts verlorengehen (Munsonius 2011a, 281f.).

3.3.3.1 Unterscheidung

Mit »geistlich« und »rechtlich« werden zwei Modi kirchlicher Leitung gekennzeichnet, die in entscheidenden Merkmalen gegensätzlich bestimmt sind: *Rechtliche Leitung* ist durch Dezision, Hierarchie, Plastizität, Formstrenge und Normativität (→ 3.1), *geistliche Leitung* durch Diskurs, Egalität,

Schriftbindung, formale Variabilität und Überzeugungskraft (→ 1.4.2) charakterisiert. Diese Beobachtung korreliert mit der These Rudolf Sohms vom Wesenswiderspruch zwischen Kirche und Kirchenrecht (→ 1.1) und der Einsicht in die Grenzen aller Organisation (→ 1.1.3.3).

Theologisch wird dieser Unterschied in der Zwei-Regimenten-Lehre verhandelt (→ 3.1.3[2]). Diese Unterscheidung der Regimente ist auch innerhalb der Kirche anzuwenden. Denn in ihrer geschichtlichen Realität ist die Kirche eine weltliche Größe, die weltlicher Ordnungsmittel nicht entraten kann. Als solche dient sie zugleich und konstitutiv dem Geschehen, durch das die Kirche in ihrer geistlichen und leiblichen Gestalt gegenwärtig wird (→ 1.1.2). So walten in der Kirche beide Regimente, was z. B. in der Rolle des Superintendenten als Seelsorger und Dienstvorgesetzter deutlich wird. Auch hier ist zwischen dem geistlichen Regiment, das allein durch das Wort zu geschehen hat, und der äußeren Ordnung, die mit dem Mittel des Rechts und Sanktionen aufrecht zu erhalten ist, zu unterscheiden.

3.3.3.2 Paradoxe Einheit

Die Unterscheidung der beiden Regimente ist nicht so zu verstehen, dass damit kein Zusammenhang mehr zwischen ihnen bestünde. Gerade im Kirchenkampf ist deutlich geworden, dass die äußere Ordnung der Kirche zwar von ihrer Botschaft zu unterscheiden, nicht aber von ihr zu trennen ist. Dies ist insbesondere durch die dritte These der Barmer Theologischen Erklärung von 1934 festgehalten worden:

> »Die christliche Kirche ist die Gemeinde von Brüdern, in der Jesus Christus in Wort und Sakrament durch den Heiligen Geist als der Herr gegenwärtig handelt. Sie hat mit ihrem Glauben wie mit ihrem Gehorsam, mit ihrer Botschaft wie mit ihrer Ordnung mitten in der Welt der Sünde als die Kirche der begnadigten Sünder zu bezeugen, dass sie allein sein Eigentum ist, allein von seinem Trost und von seiner Weisung in Erwartung seiner Erscheinung lebt und leben möchte.
>
> Wir verwerfen die falsche Lehre, als dürfe die Kirche die Gestalt ihrer Botschaft und ihrer Ordnung ihrem Belieben oder dem Wechsel der jeweils herrschenden weltanschaulichen und politischen Überzeugungen überlassen.«

Die im Leitungsdogma getroffene Unterscheidung von geistlich und rechtlich ist damit eine funktionale oder aspektive, keine solche nach Personen oder Rollen. Zwar ist die rechtliche Leitung dadurch bestimmt, dass bestimmten Personen Entscheidungskompetenzen zugewiesen werden. Doch für die geistliche Leitung gilt gerade, dass diese nicht einer bestimmten Personengruppe vorbehalten werden kann. Auch fordert das Leitungsdogma den Zusammenhang und nicht die Separierung von geistlicher und rechtlicher Leitung.

Allerdings lässt sich der geforderte Zusammenhang von Botschaft und Ordnung nicht ohne weiteres herstellen. Rudolf Sohm ist mit seiner These vom Wesenswiderspruch zwischen Kirche und Recht (→ 1.1) insofern zuzustimmen, als der Unterschied von Geist und Recht nicht einfach aufgehoben werden kann. Die Einheit der beiden Regimente ist allein in Gott und damit transzendent begründet. Für die Kirche in ihrer geschichtlichen Realität ist darum anzunehmen, dass diese Spannung erhalten bleibt und gewissermaßen ihr Lebensprinzip darstellt.

Dass Kirchenleitung geistlich und rechtlich in unaufgebbarer Einheit geschieht, fordert zugleich die Vergegenwärtigung der Wirklichkeit Gottes, die sächlich, personell und zeitlich unabschließbar ist (→ 1.4.2), und dass Entscheidungen getroffen, d. h. sächliche, personelle und zeitliche Fixierungen vorgenommen werden (→ 1.1.3.2). Diese Diastase geistlicher und rechtlicher Kirchenleitung kann nicht nach einer Seite aufgelöst oder aufgehoben, sondern nur entfaltet und so erträglich werden. Dies ist es wohl, was letztlich mit dem Schlagwort der *ecclesia semper reformanda* gemeint ist: die stetige Entfaltung des Paradoxes der Einheit geistlicher und rechtlicher Kirchenleitung, durch die (nicht allein, aber auch) sich die Transzendenz des Reiches Gottes in der Immanenz der Welt manifestiert. Das jedoch ist offensichtlich nicht in der Weise eines Habens oder Feststehens, sondern nur im Modus der Verheißung und Entfaltung als unabschließbarer Prozess möglich.

3.3.3.3 Verfahren

Die Paradoxie der Einheit von geistlicher und rechtlicher Leitung kann entfaltet werden, indem im rechtlich geordneten Verfahren der Rechtsentscheidung diskursive Öffnung und dezisionale Fixierung miteinander verbunden werden, ohne diese Differenz aufzuheben (vgl. Luhmann 1993, 38–53). Im *Verfahren* (→ 4.4) wird das Leitungshandeln zeitlich gestreckt, indem eine bestimmte Folge von Verfahrensschritten einzuhalten ist; es wird personell geweitet, indem verschiedene Akteure zu beteiligen sind; und es geschieht in sachlicher Offenheit, indem zu Beginn des Verfahrens nicht feststeht, wie das Ergebnis sein wird. In der *Entscheidung* am Ende des Verfahrens findet zeitlich, sachlich und personell eine Fixierung statt. Fortan gilt das, was zu einem bestimmten Zeitpunkt von der zuständigen

Stelle entschieden worden ist. Damit werden Aufgaben und Kompetenzen für das weitere kirchliche Handeln bestimmt, das aufgrund der Entscheidung(en) in bestimmter Weise durch bestimmte Akteure durchzuführen ist.

Die Dezision ermöglicht den Diskurs, indem ein Rahmen bereitgestellt wird, in dem er stattfinden und zu Entscheidungen geführt werden kann, indem im Hinblick auf die Dezision das Thema eine greifbare Gestalt gewinnt und der Diskurs so neu strukturiert wird und indem Themen durch Dezision dem Diskurs vorläufig entzogen werden und so Raum für andere Themen frei wird. Andererseits ist die Dezision auf den Diskurs angewiesen, weil nur so ihre Legitimität erwiesen werden kann (Habermas 1992, 50f.).

Der Diskurs beschränkt sich allerdings nicht auf das Entscheidungsverfahren. Nur dieses ist rechtlich geordnet. Entscheidungen müssen im vorgesehenen Verfahren, von den zuständigen Personen und in der gebotenen Form getroffen werden. Der Diskurs kann und soll auch darüber hinaus stattfinden. Schleiermacher hat in seiner Theorie der Kirchenleitung deutlich gemacht, dass die Gestaltung des kirchlichen Lebens nicht allein von denjenigen, die dafür ein Amt haben, sondern ebenso von der »Masse der Empfänglichen« und von der »freien Geistesmacht« beeinflusst wird (→ 1.4.1). Auf die Entscheidungen wirkt dieses freie Wirken ein, wenn sich die zuständigen Personen die Argumente zu eigen machen und ihrer Entscheidung zugrunde legen.

Durch die Entscheidung wird zwar der Diskurs an einer bestimmten Stelle fixiert, er kann und wird aber auch nach einer Entscheidung weitergehen, solange noch Dissens besteht oder erneut aufbricht. Handlungsbestimmend kann der Diskurs jedoch erst werden, wenn er wiederum in eine die alte Entscheidung aufhebende, modifizierende oder relativierende neue Entscheidung einmündet.

Der durch das Leitungsdogma geforderte Zusammenhang geistlicher und rechtlicher Leitung kann also dadurch hergestellt werden, dass das Recht Gegenstand des geistlichen Diskurses wird und dieser in die Entscheidungsfindung, d. h. vor allem in die Positivierung des Rechts einbezogen wird. Es findet so eine Differenzierung zwischen geistlich und rechtlich statt, die im Moment der Entscheidung wieder zusammengezogen wird, ohne damit eine erneute Differenzierung, d. h. ein Weiterlaufen des Diskurses, während die Entscheidungen Bestand haben, verhindern zu können. Die Gegensätzlichkeit von geistlicher und rechtlicher Leitung und ihre Unterscheidung erweist sich so schließlich (paradoxerweise!) als Bedingung ihrer Einheit.

3.3.4 Rechtsquellen

Die rechtliche Beurteilung eines Sachverhalts geschieht im Rekurs auf diejenigen Texte, denen als »Rechtsquellen« die nötige Normativität zukommt.

3.3.4.1 Kirchenverfassungsrecht

Grundlage der kirchlichen Ordnung in einer Landeskirche ist ihre Verfassung. Wegen der Rezeptionsautonomie der Landeskirchen (→ 4.2.3) kommt diesen Verfassungen für das gesamte Kirchenrecht fundamentale Bedeutung zu. Der Gehalt der Kirchenverfassungen fällt unterschiedlich aus. So gab es in der Weimarer Zeit und gibt es heute noch in Bremen und Württemberg Verfassungstexte, die sich weitgehend auf die Regelung eines Organisationsstatuts beschränken. Andere Verfassungen sind um materielle Aussagen über das Wesen der Kirche und ihre Gestalt und Handlungsfelder angereichert. In Landeskirchen mit einer starken reformierten Tradition, wie z. B. in Rheinland und Westfalen, stellt die Kirchenordnung eine umfassende Regelung des ganzen kirchlichen Lebens dar. Dort finden sich dann auch Regelungskomplexe, die in anderen Landeskirchen in Lebensordnungen, Kirchengemeindeordnungen und anderen Gesetzen zu finden sind. Unabhängig von diesen Unterschieden erfüllt eine Kirchenverfassung stets mehrere Funktionen (Pirson 2000):

(1) Sie ist Organisationsstatut der Landeskirche. Darum enthält sie Aussagen über die Organe der Landeskirche, ihre Bildung und Befugnisse. Dadurch wird die Handlungsfähigkeit der Landeskirche hergestellt.

(2) Die Kirchenverfassung konstituiert die kirchlichen Untergliederungen, namentlich die Kirchengemeinden und Kirchenkreise. Sie trifft Grundaussagen über deren Organisationsstatut und legt fest, durch welche Stelle kirchliche Körperschaften gegründet, verändert und aufgehoben werden können.

(3) Die Kirchenverfassung trifft Regelungen über die Wahrnehmung des Verkündigungsamtes und sonstiger Dienste in der Kirche. Insbesondere werden hier oft Voraussetzungen und Form der Ordination geregelt.

(4) Die Kirchenverfassung bestimmt, in welcher Weise eine Landeskirche in größere kirchliche Zusammenschlüsse (→ 4.2.4) wie die Ev. Kirche in Deutschland, die Union Ev. Kirchen oder die Vereinigte Ev.-Luth. Kirche Deutschlands und in die Ökumene eingebunden ist. Dies stellt zugleich die

Grundlage für die Geltung von Normen dar, die von diesen Zusammenschlüssen erlassen werden (→ 4.4.2.3).

(5) Außerdem finden sich in den Kirchenverfassungen unterschiedliche Bezüge auf Schrift und Bekenntnis als den spezifischen normativen Grundlagen der Kirche (→ 3.3.2.1).

3.3.4.2 Abgeleitetes Kirchenrecht

Die Kirchenverfassung regelt, wie die weitere Rechtsetzung in der Kirche stattfindet. Bei diesen weiteren kirchlichen Normen ergeben sich zunächst wenige Unterschiede zu den entsprechenden Typen im staatlichen Recht:

So werden von den Synoden *Kirchengesetze* und von Kirchenleitungen und Kirchenverwaltungen *Verordnungen* sowie *Richtlinien* erlassen (→ 4.4.2.2). Die landeskirchlichen Zusammenschlüsse können unter bestimmten Voraussetzungen Kirchengesetze mit Wirkung für die Landeskirchen erlassen (→ 4.4.2.3). Da die Synoden nicht permanent, sondern in der Regel nur ein- oder zweimal im Jahr tagen, gibt es außerdem das Instrument der *gesetzesvertretenden Verordnung*. Danach können die Kirchenleitungen eine vorläufige gesetzliche Regelung erlassen, wenn dringender Bedarf besteht, aber die Einberufung einer Synode unverhältnismäßig wäre.

Außer der landeskirchlichen Rechtsetzung gibt es noch das *Satzungsrecht*, das den kirchlichen Körperschaften regelmäßig im Bereich ihrer Selbstverwaltung zusteht. So können Kirchengemeinden und Kirchenkreise ihre Angelegenheiten durch Satzung verbindlich regeln, bedürfen dafür aber in der Regel einer kirchenaufsichtlichen Genehmigung (→ 4.4.4.1).

3.3.4.3 Gewohnheits- und Richterrecht

Als weitere Rechtsquellen kommen wie im staatlichen Recht das Gewohnheits- und das Richterrecht in Betracht.

Gewohnheitsrecht entsteht dadurch, dass eine bestimmte Praxis über lange Zeit geübt wird und die allgemeine Auffassung besteht, dass dieses rechtens ist. Es kommt insbesondere in Betracht, wenn keine gesetzliche Regelung besteht, kann aber auch eine bestehende Regelung mit der Zeit überformen.

Richterrecht ist insbesondere im Rechtskreis des angelsächsischen und nordamerikanischen *common law* und in Rechtsgebieten wie dem Arbeitsrecht zu finden, für die nur eine geringe gesetzliche Normierung besteht.

Das Richterrecht entsteht durch die Rechtsfortbildung der Gerichte, die in Einzelfällen festzustellen haben, was rechtens ist, auch wenn hierfür keine einschlägige Regelung besteht. Dann müssen allgemeine Rechtsprinzipien für den Einzelfall konkretisiert werden, woraus sich eine Präzedenzwirkung für vergleichbare Fälle ergibt.

Im Kirchenrecht ist außerdem noch an überkommenes Recht zu denken, das auf das *Corpus Iuris Canonici* (→ 2.1.2) und reformatorische Kirchenordnungen (→ 2.2.1) oder beispielsweise das preußische Allgemeine Landrecht (→ 2.2.3.3) zurückzuführen und nicht durch spätere Normsetzung überholt ist. Die praktische Relevanz dieser Rechtsbestände dürfte sich allerdings mittlerweile angesichts der neueren umfassenden Kirchenrechtssetzung (→ 2.4.3.2) weitgehend erledigt haben.

3.3.4.4 Lebensordnungen

Einen eigentümlichen Regelungstypus stellen die Lebensordnungen dar (Nottmeier, 2008; Ochel 2011). Mit ihnen sollen kirchliches Leben und christliche Sitte geordnet werden. Sie betreffen insbesondere den Gottesdienst, das Abendmahl und die Amtshandlungen (→ 4.5–6). Heute gelten vor allem die »Ordnung des kirchlichen Lebens« der EKU von 1999 und »Leitlinien kirchlichen Lebens« der VELKD von 2002. Darin werden nicht nur Gottesdienst und Amtshandlungen, sondern auch die Mitarbeit in der Gemeinde, Bildungsarbeit, Diakonie und öffentliche Verantwortung behandelt. Beide Texte sollen nicht nur für die Pfarrer Orientierung bieten, sondern für alle, die mit dem kirchlichen Leben zu tun haben.

Bei den Lebensordnungen zeigt sich, dass mit ihnen kirchliches Handeln geordnet werden soll, das einerseits einer gewissen Ordnung bedarf, sich andererseits aber im Kern einer Ordnung entzieht. Sie stehen damit an der Schwelle zwischen geistlichem und rechtlichem Handeln der Kirche (→ 3.3.3).

Die Lebensordnungen erfassen diejenigen Vorgänge, bei denen in erster Linie davon gesprochen werden kann, dass sie »als geistlich angezeigt verantwortet« werden sollen (→ 3.3.1). Da sie für die Kirche so wichtig sind, ist eine verbindliche Verständigung über dieses Handeln angebracht. Zudem ist die Koordination der unterschiedlichen Beteiligten nötig; und es kann, da diese Handlungen oft mit hohen Erwartungen verbunden sind, leicht zu Konflikten kommen. Schließlich geht es um Vorgänge, die für das Leben der Kirche wesentlich sind, in denen sich damit auch die Einheit der

Kirche (CA 7) manifestiert. Darum können sie nicht einfach der Entscheidung Einzelner überlassen bleiben. Andererseits kommt hier eine eminent geistliche Dimension ins Spiel, die sich rechtlicher Regelung entzieht. Zudem können die empirischen Situationen sehr verschieden sein, so dass eine abstrakt-generelle Regelung ihr Telos im Einzelfall gerade verfehlt. Man denke nur an die sehr unterschiedlichen Familienkonstellationen, in denen sich Täuflinge, Konfirmanden und Brautpaare heute befinden können.

Um dem zu wehren, sind die Abschnitte der neueren Lebensordnungen jeweils in drei Schritte gegliedert: Zunächst geht es um die »Wahrnehmung der Situation«, ehe »Biblische Grundlagen und theologische Orientierung« entfaltet werden, an die sich »Regelungen« anschließen, die sich zumeist auf formale Gesichtspunkte, Verfahrensregelungen und Zuständigkeiten beziehen. Die jeweils handelnden Personen werden dadurch in ihrer Verantwortung gestärkt. Es bestehen klare Zuständigkeiten und es ist klar, in welchem Horizont, aufgrund welcher Einsichten im konkreten Fall eine Entscheidung getroffen werden soll. Konflikte können auf der Grundlage der Lebensordnung gehaltvoll ausgetragen werden, ohne dass eine bestimmte Lösung zwingend vorgeschrieben ist.

4 Ordnung kirchlichen Handelns

4.1 Systematik

Gegenstand des Kirchen- wie des Religionsrechts ist das kirchliche Handeln (→ 1.2). Dieses ist insofern kirchlich, als das Handeln von Einzelpersonen der kirchlichen Gemeinschaft zugerechnet werden kann (→ 3.3.1). Das Kirchenrecht ist Ausdruck der Organisationsgestalt der Kirche (→ 1.1.3.2) und betrifft vor allem die Voraussetzungen des kirchlichen Handelns. Es ist darum im Wesentlichen Organisationsrecht.

Eine rechtliche Regulierung des kirchlichen Handelns erscheint im Bereich des disponierenden Handelns vergleichsweise unproblematisch, bei den Vitalia und erst recht bei den Konstitutiva insofern problematisch, als hier auf geistliche Vollzüge mit Mitteln des Rechts Einfluss genommen wird. Andererseits fordern gerade diese Vollzüge in eigentümlicher Weise eine rechtliche Ordnung heraus. Denn sie sind insofern gefährdet, als alltägliche nicht zu geistlicher Praxis nötigt, sie erfordern ein hohes Maß an Koordination und sind, weil sie oft mit hohen Erwartungen verbunden werden, leicht konfliktträchtig (Munsonius 2016, Rn. 3–10).

Im Folgenden sollen darum zunächst die strukturellen Voraussetzungen und sodann das »eigentliche« kirchliche Handeln dargestellt werden. Es geht zunächst um die Organisationsstruktur, die sich die Kirche gegeben hat (→ 4.2) und die Formen, in denen Menschen in diese Struktur einbezogen sind (→ 4.3). Danach geht es um die Verfahren, die für eine moderne Rechtsordnung konstitutiv sind: Rechtsgestaltung, -anwendung und -gewährleistung (→ 4.4). Strukturen und Verfahren müssen einmal leisten, dass das kirchliche Handeln stattfinden kann und dass die Verständigung darüber möglich ist und valide umgesetzt wird. Sie sind Voraussetzung für die Ausübung von Kirchenleitung (→ 1.4). Auf dieser Grundlage können die Konstitutiva und Vitalia sowie das übrige disponierende Handeln vollzogen werden (→ 4.5–7).

4.2 Strukturen

Nach staatlichem Recht können sich die Religionsgemeinschaften in den für sie geeigneten Formen des Privatrechts (z. B. als eingetragener Verein) organisieren. Als Körperschaft öffentlichen Rechts können sie außerdem von ihrer Organisationsgewalt Gebrauch machen und Formen des öffentlichen Rechts wählen. Damit sind vor allem die Organisationsformen des kirchlichen Verfassungsbaus mit Kirchengemeinden (→ 4.2.1), Kirchenkreisen (→ 4.2.2) und Landeskirchen (→ 4.2.3) bis hin zu den landeskirchlichen Zusammenschlüssen (→ 4.2.4) gemeint (Frost 1972). Der Staat wirkt bei kirchlichen Organisationsmaßnahmen in diesem Sektor nur insofern mit, als die Sicherheit des Rechtsverkehrs gewährleistet sein muss. Er kann darum prüfen, ob die kirchliche Organisationsmaßnahme eindeutig, die geordnete Vertretung des Rechtsträgers gewährleistet und eine ausreichende Vermögensausstattung vorhanden ist. Einzelheiten sind in Staatskirchenverträgen geregelt. Dabei beschränkt sich der Staat meist auf eine Anzeigepflicht der Kirchen, soweit diese von den etablierten Formen der kirchlichen Organisation Gebrauch machen (Gutknecht 2019, 169–186; Munsonius 2009, 83–85).

Dem kirchlichen Verfassungsbau angegliedert gibt es für bestimmte Aufgaben unselbständige Einrichtungen und Dienststellen. Außerdem gibt es eine große Zahl von privatrechtlichen Organisationen, die kirchliche Aufgaben wahrnehmen. Dazu zählen vor allem diakonische und missionarische Initiativen, die während des 19. Jh. neben der verfassten Kirche entstanden sind. Diese Organisationen sind durch Zuordnung in den kirchlichen Rechtsraum einbezogen (→ 4.2.7).

Die verschiedenen Rechtsträger können unter dem Begriff der *juristischen Person des Kirchenrechts* zusammengefasst werden (Munsonius 2009, 115). Dieser Begriff bezeichnet eine identifizierbare und eigenständige Organisation, die als Wesens- oder Lebensäußerung der Kirche am kirchlichen Handeln teilnimmt und Teil der verfassten Kirche ist oder mit ihr in Verbindung steht und durch die kirchliche Rechtsordnung als Rechtsperson gebildet oder anerkannt worden ist. Sie ist in die kirchliche Ordnung eingebunden und nimmt an ihrer Entwicklung, Praxis und Gewährleistung teil (→ 4.4). Dies geschieht durch die Anwendung kirchlichen Rechts, Teilnahme an der Visitation und an der Leitung der Kirche durch Vertretung in den Leitungsorganen oder besondere Organe.

4.2.1 Kirchengemeinde

Die Kirchengemeinde (→ 1.5.1.3[5]) ist Körperschaft öffentlichen und kirchlichen Rechts und wird aus den Kirchenmitgliedern gebildet, die ihr auf bestimmte Weise zugeordnet sind; sie kann als Territorial- (Parochial-), Anstalts- oder Personalkirchengemeinde bestehen (Munsonius 2008). Ihre Ordnung ergibt sich aus den Kirchenverfassungen und Kirchengemeindeordnungen. Zu den Aufgaben der Kirchengemeinde gehören prinzipiell alle Vollzüge kirchlichen Handelns mit Ausnahme kirchenregimentlicher Aufgaben (→ 1.4.1.2).

Die Kirchengemeinde wird in der Regel von einem *Kirchenvorstand* im Zusammenwirken mit dem *Pfarrer* geleitet. In der lutherischen Tradition wird dabei die eigenständige Bedeutung des Pfarramts stärker betont und ihm ein originärer Aufgabenbereich zugewiesen. In der reformierten (und unierten) Tradition liegt der Akzent eher auf der umfassenden Verantwortung des Kirchenvorstandes für das ganze gemeindliche Leben.

Dem Kirchenvorstand gehören gewählte, berufene und geborene Mitglieder an, zu denen noch besondere Formen der Bestellung hinzutreten können. Die Amtszeit beträgt in aller Regel sechs Jahre. Der Kirchenvorstand hat über alle Angelegenheiten zu beraten und zu beschließen, die nicht dem Pfarramt vorbehalten sind. Er hat einen Vorsitzenden, der in der Regel gewählt wird, und einen stellvertretenden Vorsitzenden. Zu ihren Aufgaben gehören die Vorbereitung der Kirchenvorstandssitzungen, ihre Leitung und die Ausführung der Beschlüsse. Die Beschlüsse sind in einem Protokoll festzuhalten, für das besondere Formvorschriften gelten. Die Vertretung im Rechtsverkehr geschieht meist durch zwei Mitglieder des Kirchenvorstandes, unter denen der Vorsitzende oder sein Stellvertreter sein muss.

Der Kirchenvorstand kann beratende und in manchen Landeskirchen auch beschließende Ausschüsse und Beauftragte zu seiner Unterstützung einsetzen. Einige Landeskirchen sehen zudem einen Gemeindebeirat vor, der vorwiegend beratende Funktion hat. Vereinzelt gibt es auch noch größer besetzte Gemeindevertretungen, denen besonders weitreichende Entscheidungen vorbehalten sind. Außerdem gibt es noch die Form der Gemeindeversammlung, in der Themen von besonderer Bedeutung mit allen interessierten Gemeindegliedern besprochen werden. Diese hat aber regelmäßig keine Beschlusskompetenz, sondern ist auf Anregungen an den Kirchenvorstand beschränkt.

Für die unterschiedlichen Aufgaben engagieren sich meist viele Ehrenamtliche (→ 4.3.3), die Verantwortung für bestimmte Dienste und Gruppen übernehmen. Für umfangreichere oder spezifisch anspruchsvolle Aufgaben können Mitarbeiter angestellt werden (→ 4.3.4). Eine Kirchengemeinde kann auch anstaltsförmige Einrichtungen wie z. B. Kindertagesstätten unterhalten und dafür Satzungen erlassen.

Die Gründung, Veränderung, Zusammenlegung und Aufhebung von Kirchengemeinden geschieht in der Regel durch einen Beschluss von Organen des Kirchenkreises oder der Landeskirche.

4.2.2 Kirchenkreis

Der Kirchenkreis zeichnet sich durch seine Doppelfunktion als Aufsichts- und Verwaltungsbezirk der Landeskirche sowie als kirchliche Körperschaft mit Selbstverwaltungsfunktion aus. Seine Ordnung ergibt sich aus den Kirchenverfassungen und besonderen Kreisordnungen. In ihm werden die Kirchengemeinden einer Region und die dort bestehenden weiteren kirchlichen Einrichtungen zusammengefasst. Im Kirchenkreis werden alle kirchlichen Handlungsfelder wahrgenommen. Dabei lassen sich drei Bereiche unterscheiden: (1) Der Kirchenkreis fördert und koordiniert die Arbeit der Kirchengemeinden und stellt für diese eine Kooperations- und Ausgleichsebene dar. (2) Aufgaben, die den Bereich einzelner Gemeinden überschreiten, können vom Kirchenkreis in eigener Verantwortung wahrgenommen werden. (3) Der Kirchenkreis nimmt Aufgaben der landeskirchlichen Verwaltung wahr, führt die Aufsicht über die Kirchengemeinden und nimmt zunehmend die Verteilung von Ressourcen vor.

Der Kirchenkreis hat in der Regel drei *Organe*: eine Synode, einen Vorstand und einen Superintendenten. Hinzu kommt ein Verwaltungsamt, das für einen oder mehrere Kirchenkreise und die Kirchengemeinden, Einrichtungen und Werke Verwaltungsaufgaben durch hauptamtliches Personal erledigt.

Der *Synode* gehören Vertreter der Kirchengemeinden sowie der Einrichtungen und Dienste an. Sie dient dem Austausch, der Koordination und der Entscheidung über grundsätzliche Fragen wie die Bestellung der anderen Organe des Kirchenkreises, Aufstellung des Haushaltsplans, die Verteilung von Ressourcen, Schaffung von Einrichtungen und die Durchführung gemeinsamer Vorhaben. Die Arbeit wird durch Ausschüsse unterstützt. Die Synode kommt etwa quartalsweise zu einer eintägigen Tagung zusammen.

Dem *Vorstand* gehören meist der Superintendent und der Vorsitzende der Synode, ihre Stellvertreter und weitere gewählte Personen an. Der Leiter der Verwaltung kann mit beratender Stimme teilnehmen. Die Sitzungen sind oft monatlich. Der Vorstand nimmt die ständige Leitung des Kirchenkreises wahr, bereitet Beschlüsse der Synode vor und führt sie aus.

Der *Superintendent* wird in der Regel im Zusammenwirken von Landeskirche und Kirchenkreis bestellt. Darin wird deutlich, dass er beiden gegenüber für seine Amtsführung verantwortlich ist. Zum einen nimmt er Aufsichts- und Visitationsfunktionen im Kirchenkreis wahr, zum anderen ist er Repräsentant des Kirchenkreises. Meist ist er an eine bestimmte, herausgehobene Kirchengemeinde angebunden, die bei seiner Bestellung zu beteiligen ist.

4.2.3 Landeskirche

Die Landeskirche ist die Gesamtheit aller Kirchengemeinden, Kirchenkreise und kirchlichen Einrichtungen in einem größeren Zusammenhang. Heute bestehen in Deutschland 20 Landeskirchen mit Mitgliederzahlen zwischen 32.000 (Anhalt) und 2,6 Mio. (Hannover). Ihr Zuschnitt geht auf die früheren Herrschaftsgebiete in Deutschland zurück, hat aber nach der Trennung von Kirche und Staat deren Veränderungen nicht nachvollzogen und ist durch kirchliche Umstrukturierungen im 20. und 21. Jh. verschiedentlich geändert worden.

Für die kirchliche Ordnung kommt den Landeskirchen entscheidende Bedeutung zu. Soweit das Kirchenwesen Teil der vom Landesherrn verantworteten öffentlichen Ordnung war, hatte es Teil an der staatlichen Souveränität. Als Erbe dieser Souveränität liegt bei den Landeskirchen die *Rezeptionsautonomie*, d. h. sie entscheiden, welche kirchliche Ordnung für sie und ihre Untergliederungen gilt, und inwieweit andere kirchliche Organisationsebenen Normen für diese Landeskirchen erlassen können.

In der Leitung der Landeskirchen wirken regelmäßig vier Organe zusammen:

Die *Synode* stellt das größte Organ dar. Sie repräsentiert die Landeskirche in ihrer Vielfalt und Gesamtheit. Ihr gehören gewählte Vertreter der Kirchenkreise und ggf. weiterer Arbeitsbereiche der Kirche, berufene Mitglieder und ggf. Mitglieder weiterer Leitungsorgane an. Zu ihren Aufgaben gehören die Gesetzgebung, der Haushaltsbeschluss, die Bestellung der anderen Leitungsorgane und die Beratung aller wichtigen Fragen des kirchlichen Lebens.

Schon in der Alten Kirche hat sich das *Bischofsamt* etabliert, mit dem einzelnen Geistlichen die kirchliche Aufsicht und Leitung für ein bestimmtes Gebiet übertragen worden ist. Zu seinen Aufgaben gehören insbesondere die Ordination der Pfarrer (→ 4.3.5.3) und die Visitation der Gemeinden (→ 4.4.4.2). Auch in den reformatorischen Kirchen ist diese Funktion stets durch besondere Amtsträger wahrgenommen worden. Der Schwerpunkt des Bischofsamtes liegt im Verkündigungsdienst, es hat damit vor allem kommunikative Funktion. Außerdem sind Bischöfe als Vorsitzende, als Mitglied oder mit Rederecht am Leitungshandeln der anderen Organe beteiligt (Munsonius 2015, 161–164). In größeren Landeskirchen gibt es ergänzende regionale Bischofsämter, die bischöfliche Funktion für ein bestimmtes Gebiet innerhalb der Landeskirche (Sprengel) wahrnehmen und mit dem Landesbischof zusammenwirken.

Keine Landeskirche kommt ohne eine zentrale Verwaltung, ein *Landeskirchenamt*, aus, in dem die Entscheidungen der anderen Leitungsorgane vorbereitet und umgesetzt und die laufenden Geschäfte erledigt werden. Hier arbeiten hauptberuflich Theologen, Juristen, Ökonomen und Verwaltungsfachleute zusammen. Die Landeskirchenämter sind in Arbeitsbereiche gegliedert und werden durch ein Kollegium geleitet und repräsentiert. Wie in anderen Verwaltungen auch wird der innere Dienstbetrieb durch Organisationspläne und Geschäftsordnungen gelenkt.

Die *Kirchenleitung* bildet das koordinierende Zentrum der Leitungsorgane. Sie nimmt die ständige Leitung der Landeskirche wahr und ist für die Einheitlichkeit des Leitungshandelns verantwortlich. Oft bildet sie die institutionelle Klammer, indem sie aus Vertretern der übrigen Leitungsorgane gebildet wird. Bei ihr liegen alle wichtigen Entscheidungen, die nicht der Synode vorbehalten sind – insbesondere Personalentscheidungen. Sie hat Direktionsrechte gegenüber der Verwaltung und Initiativrecht in der Synode (→ 4.4.2.2).

In welchem Verhältnis die Leitungsorgane zu einander stehen, ist in den Landeskirchen unterschiedlich geregelt. Nach dem *Trennungsmodell* (z. B. Bayern) stehen sich die Synode einerseits sowie Bischof, Kirchenleitung und Verwaltung andererseits gegenüber. Sie sind personell nicht miteinander verschränkt und haben sorgfältig abgegrenzte Aufgaben und Kompetenzen. Im *Einheitsmodell* (z. B. Rheinland) geht alle Kirchenleitung von der Synode aus, die Kirchenleitung ist mit dem Präsidium der Synode identisch und mit der Verwaltung verschränkt. Die Zuständigkeiten sind nicht scharf voneinander getrennt. Der leitende Geistliche ist zugleich Vorsitzender der Synode, der Kirchenleitung und der Verwaltung. In *gemischten Modellen* (z. B. Kurhessen-Waldeck) kommt der Kirchenleitung als verbindendem Organ besondere Bedeutung zu. Damit sollen klare Zuständigkeiten der einzelnen Organe und die Integration allen Leitungshandelns zugleich verwirklicht werden.

4.2.4 Landeskirchliche Zusammenschlüsse

Innerhalb Deutschlands haben sich die Landeskirchen in größeren Zusammenschlüssen organisiert. Die größte Bedeutung haben die Evangelische Kirche in Deutschland (→ 4.2.4.1), die Vereinigte Evangelisch-Lutherische Kirche Deutschlands (→ 4.2.4.2) und die Union Evangelischer Kirchen (→ 4.2.4.3).

4.2.4.1 Evangelische Kirche in Deutschland (EKD)

Die EKD ist der Zusammenschluss aller 20 Landeskirchen. Sie hat die Aufgabe, die Gemeinschaft der Landeskirchen zu fördern. Art. 6 GO.EKD trifft dazu folgende Grundaussage:

> »Artikel 6. (1) Die Evangelische Kirche in Deutschland bemüht sich um die Festigung und Vertiefung der Gemeinschaft unter den Gliedkirchen, hilft ihnen bei der Erfüllung ihres Dienstes und fördert den Austausch ihrer Kräfte und Mittel.
> (2) Sie wirkt dahin, dass die Gliedkirchen, soweit nicht ihr Bekenntnis entgegensteht, in den wesentlichen Fragen des kirchlichen Lebens und Handelns nach übereinstimmenden Grundsätzen verfahren.«

In den folgenden Artikeln ist ausgeführt, dass die EKD dazu Einrichtungen und Arbeiten von gesamtkirchlicher Bedeutung unterstützen kann, den Gliedkirchen Anregungen geben und Richtlinien aufstellen kann. Sie kann zudem Kirchengesetze mit Wirkung für die Gliedkirchen erlassen, bedarf dazu aber deren Zustimmung (→ 4.4.2.3).

Die EKD stellt als Gemeinschaft rezeptionsautonomer Partikularkirchen eine Kirchenorganisation dar, die anderen Konstitutionsbedingungen unterliegt als die Landeskirchen. Die Organstruktur der EKD folgt darum keinem der landeskirchlichen Modelle (→ 4.2.3), sondern beruht auf eigenen Zweckmäßigkeitserwägungen. Ihre Organe sind die Synode, die Kirchenkonferenz und der Rat (Art. 22 Abs. 1 GO.EKD).

Die *Synode* besteht aus 106 Mitgliedern, die von den synodalen Organen der Gliedkirchen gewählt werden, und 20 Mitgliedern, die der Rat beruft, wobei besonders Persönlichkeiten zu berücksichtigen sind, die für das Leben der Gesamtkirche und für die Arbeit der kirchlichen Werke Bedeutung haben (Art. 24 Abs. 1 und 3 GO.EKD). Die Synodalen sind an Weisungen nicht gebunden (Art. 24 Abs. 4 GO.EKD). Sie nehmen Verantwortung für die Gesamtkirche, nicht ein Mandat für ihre Landeskirche oder Organisation wahr. Die Synode stellt damit eine Repräsentation der evangelischen Christenheit in Deutschland und so das integrierende, gesamtkirchlich ausgerichtete Organ der EKD dar. Die Amtszeit der Synode beträgt sechs Jahre (Art. 25 Abs. 1 GO.EKD).

Dem *Rat* gehören der Präses der Synode und 14 weitere Mitglieder an, die von Synode und Kirchenkonferenz gemeinsam mit Zweidrittelmehrheit gewählt werden (Art. 30 Abs. 1 GO.EKD). Die Amtsdauer des Rates beträgt sechs Jahre, die Wahl findet auf der zweiten Tagung der Synode statt (Art. 30 Abs. 1 und 4 GO.EKD). Die Zusammensetzung des Rates soll der bekenntnismäßigen und landschaftlichen Gliederung der EKD Rechnung tragen (Art. 30 Abs. 2 GO.EKD). Der Vorsitzende des Rates wird aus der Mitte und auf Vorschlag des Rates von der Synode gewählt. Er ist *de jure* nur *primus inter pares* und hat keine eigenständigen Kompetenzen. In der öffentlichen Wahrnehmung kommt ihm gleichwohl eine erhebliche Bedeutung zu. Obwohl dies nicht vorgeschrieben ist, waren bislang nur leitende Geistliche einer Landeskirche Ratsvorsitzende.

Die *Kirchenkonferenz* setzt sich aus den Vertretern zusammen, die von den Kirchenleitungen der Gliedkirchen entsandt werden (Art. 28 Abs. 2 GO.EKD). Sie stellt das föderale Organ dar, durch das den Gliedkirchen Mitarbeit und Einfluss ermöglicht werden. In die Kirchenkonferenz entsendet jede Landeskirche zwei Vertreter Sie wird vom Ratsvorsitzenden einberufen und geleitet (Art. 28 Abs. 4 GO.EKD). Aufgrund der föderalen Funktion der Kirchenkonferenz haben ihre Mitglieder als Vertreter der Gliedkirchen – im Unterschied zu den Mitgliedern der Synode – ein gebundenes Mandat, und die Vertreter einer Landeskirche müssen einheitlich abstimmen. Die Verteilung der Stimmen in der Kirchenkonferenz wird durch Kirchengesetz geregelt.

Zwischen den Organen Synode, Rat und Kirchenkonferenz besteht kein hierarchisches Verhältnis; sie sind einander nebengeordnet. Kein Organ ist dem anderen in der Weise verantwortlich, dass seine Abberufung erfolgen könnte. Jedes Organ trägt eine eigene, in der Grundordnung festgelegte Verantwortung. Die Organe bilden keine Leitung zur gesamten Hand, sondern nehmen jeweils bestimmte Funktionen wahr. Das Verhältnis der Organe zueinander ergibt sich aus den jeweils zugewiesenen Handlungsmöglichkeiten. Zur Unterstützung der Organe und für die laufende Verwaltung besteht das *Kirchenamt* der EKD in Hannover.

4.2.4.2 Vereinigte Evangelisch-Lutherische Kirche Deutschlands (VELKD)

Die Vereinigte Evangelisch-Lutherische Kirche Deutschlands (VELKD) umfasst alle lutherischen Landeskirchen mit Ausnahme von Württemberg und Oldenburg. Sie versteht sich nach Art. 1 Abs. 2 Verf.VELKD als ein

> »Zusammenschluss von evangelisch-lutherischen Kirchen (Gliedkirchen), die sich in ihrer Verkündigung und Sakramentsverwaltung wie auch in ihrer Ordnung, Leitung und Verwaltung sowie im gesamten Handeln der Kirche an das Bekenntnis gebunden wissen.«

Als Bekenntnisgrundlagen werden in Art. 1 Abs. 1 Verf.VELKD die Bekenntnisschriften der Ev.-Luth. Kirche, vornehmlich die ungeänderte Augsburgische Konfession von 1530 und der Kleine Katechismus Martin Luthers genannt. Die VELKD hat nach Art. 7 Abs. 1 Verf.VELKD die Einheit der Vereinigten Kirche zu fördern, sich um die lutherische Lehre zu bemühen, die lutherische Diaspora und lutherische Werke zu unterstützen. Sie vertritt die lutherische Kirche in der Öffentlichkeit und der Ökumene. Sie kann Kirchengesetze mit Wirkung für die Gliedkirchen erlassen. Die Organe der VELKD sind die Bischofskonferenz und der Leitende Bischof, die Generalsynode und die Kirchenleitung (Art. 8 Verf.VELKD).

Die *Bischofskonferenz* besteht aus den Bischöfen aller Gliedkirchen sowie fünf weiteren ordinierten Inhabern eines kirchenleitenden Amtes, die von den größeren Gliedkirchen entsandt werden (Art. 10 Verf.VELKD). Der Leitende Bischof wird von der Generalsynode für drei Jahre gewählt; er führt den Vorsitz in der Kirchenleitung und der Bischofskonferenz, vertritt die Vereinigte Kirche und hat als erster Geistlicher das Kanzelrecht auf allen Kanzeln der Vereinigten Kirche (Art. 13 f. Verf.VELKD).

Die *Generalsynode* ist das gesetzgebende Organ. Ihr gehören 50 Mitglieder an, die von den Landeskirchen entsandt oder durch den Leitenden Bischof berufen werden (Art. 15 f. Verf.VELKD).

Die *Kirchenleitung* ist für alle Aufgaben zuständig, die nicht einem anderen Organ zugewiesen sind. Sie besteht aus dem Leitenden Bischof als Vorsitzendem, seiner Stellvertretung, einem weiteren Mitglied der Bischofskonferenz, dem Präsidenten der Generalsynode und neun aus der Generalsynode gewählten Mitgliedern (Art. 18–20 Verf.VELKD). Für die allgemeine kirchliche Verwaltung besteht das Amt der VELKD im Kirchenamt der EKD (Art. 21 Verf.VELKD).

4.2.4.3 Union Evangelischer Kirchen in der Evangelischen Kirche in Deutschland (UEK)

In der Union Evangelischer Kirchen in der Evangelischen Kirche in Deutschland (Rohde 2007; Winter 2004) haben sich zwölf Landeskirchen mit unterschiedlichem Bekenntnisstand zusammengeschlossen, um

> »die Gemeinsamkeit in den wesentlichen Bereichen des kirchlichen Lebens und Handelns zu fördern und damit die Einheit der Evangelischen Kirche in Deutschland zu stärken« (Art. 1 Abs. 2 GO.UEK).

Damit soll nicht lediglich die Einheit unter den beteiligten Landeskirchen, sondern auch im Hinblick auf die übrigen Landeskirchen (und darüber hinaus) gefördert werden. Dem entsprechen auch die Aufgaben nach Art. 3 GO.UEK, die sich auf theologische und liturgische Arbeit, die europäische und ökumenische Gemeinschaft von Kirchen und rechtliche Regelungen beziehen.

Die UEK ist aus einem Zusammenschluss der *Evangelischen Kirche der Union* (EKU), einer Dachorganisation der Landeskirchen, die aus der vormaligen preußischen Landeskirche hervorgegangen sind, und der *Arnoldshainer Konferenz* (AKf), einer Arbeitsgemeinschaft der EKU-Kirchen mit allen übrigen nicht der VELKD angehörenden Kirchen, entstanden.

Bemerkenswert ist § 7 des Vertrages über die Bildung der UEK, wonach diese regelmäßig überprüft,

> »ob die Verbindlichkeit des gemeinsamen Lebens und Handelns innerhalb der Evangelischen Kirche in Deutschland so weit verwirklicht worden ist, dass ein Fortbestand der Union in ihrer bisherigen Form entbehrlich ist.«

Organe der UEK sind die Vollkonferenz und das Präsidium. Sie werden durch das Amt der UEK im Kirchenamt der EKD unterstützt. Die *Vollkonferenz* hat alle grundlegenden Entscheidungen zu treffen, die nicht einer anderen Stelle zugewiesen sind (Art. 5 GO.UEK). Ihr gehören die Mitglieder der EKD-Synode und der Kirchenkonferenz aus den Mitgliedskirchen sowie die Vorsitzenden der ständigen Ausschüsse an (Art. 7 Abs. 2 GO.UEK). Das *Präsidium* ist für die laufende Leitung zuständig und hat alle Aufgaben zu erledigen, die nicht der Vollkonferenz vorbehalten sind (Art. 9 GO.UEK). Ihm gehören der Vorsitzende der Vollkonferenz und zwei seiner Stellvertreter sowie je ein Vertreter der Mitgliedskirchen und der Leiter der Amtsstelle an (Art. 10 GO.UEK). Als ständige Ausschüsse bestehen der Theologische und der Rechtsausschuss (Art. 11 GO.UEK).

4.2.4.4 Verbindungsmodell

Das historisch gewachsene Nebeneinander von EKD, VELKD und UEK bildete Anfang des 21. Jh. eine unübersichtliche, aufwändige und ineffektive Struktur. Um dies zu überwinden wurde das Verbindungsmodell entwickelt (Wellert 2013). Dazu haben die drei Zusammenschlüsse 2005 Verträge abgeschlossen, und die Grundordnung der EKD ist geändert worden. Insbesondere haben die gliedkirchlichen Zusammenschlüsse in Art. 21a GO.EKD einen eigenen Status erhalten. In der Kirchenkonferenz wurden Konvente der gliedkirchlichen Zusammenschlüsse vorgesehen, die auf die Aufgabenverteilung zwischen EKD, UEK und VELKD einwirken können. Außerdem wurde zwischen den Leitungsorganen von UEK und VELKD einerseits und der EKD andererseits eine weitgehende personelle Verschränkung eingeführt. Das Lutherische Kirchenamt der VELKD und die Kirchenkanzlei der UEK wurden als Amtsstellen in das Kirchenamt der EKD integriert. In einem zweiten Schritt ist 2014 die Zusammenarbeit innerhalb des Kirchenamtes noch enger miteinander verzahnt worden.

4.2.5 Ökumene

Über die landeskirchlichen Zusammenschlüsse hinaus bestehen unterschiedliche Kooperationsformen mit anderen Kirchen in der weltweiten Ökumene. Diesen Organisationen kommt im Unterschied zu den bisher genannten Zusammenschlüssen keine Rechtsetzungsbefugnis für die Mitgliedskirchen zu. Einfluss auf die kirchliche Ordnung können sie nur im Wege der Verständigung über Fragen der Lehre nehmen, die jeweils von den Mitgliedskirchen rezipiert und im kirchenleitenden Handeln umgesetzt werden muss, um wirksam zu werden. Daneben können solche Organisationen der Bewältigung praktischer Probleme und gegenseitiger Unterstützung dienen. Neben Missionswerken und Arbeitsgemeinschaften können insbesondere der Ökumenische Rat der Kirchen, die Gemeinschaft evangelischer Kirchen in Europa sowie die konfessionellen Weltbünde genannt werden.

Der *Ökumenische Rat der Kirchen* (ÖRK) ist 1948 in Aufnahme der Bewegungen für Glauben und Kirchenverfassung sowie für praktisches Christentum von 146 Kirchen gegründet worden. Heute gehören ihm etwa 350 Kirchen aus 120 Ländern an. Er stellt keine Über-Kirche dar und hat keine legislativen Kompetenzen gegenüber den Mitgliedskirchen. Die Vollversammlung tritt alle sieben Jahre zusammen, um Handlungsausrichtung und Programme zu beschließen. In der Zwischenzeit arbeiten der Zentral- und der Exekutivausschuss. Dem ÖRK steht ein Generalsekretär vor. Die Tagungsorte der Vollversammlung und der Komitees wechseln. Das Verwaltungszentrum befindet sich in Genf.

Die *Gemeinschaft Evangelischer Kirchen in Europa* (GEKE) wird durch diejenigen Kirchen gebildet, zwischen denen aufgrund der Leuenberger Konkordie von 1973 Kirchengemeinschaft besteht. Ihre Organe sind die Vollversammlung, die alle sechs Jahre zusammentritt, und der Rat, dem 13 von der Vollversammlung gewählte Mitglieder angehören. Die Arbeit wird durch eine Geschäftsstelle und einen Generalsekretär unterstützt. Aufgabe der GEKE ist die Verwirklichung der Kirchengemeinschaft durch die gemeinsame Ausrichtung von Zeugnis und Dienst und die theologische Weiterarbeit.

Zu nennen sind schließlich noch der *Lutherische Weltbund* und die *Weltgemeinschaft Reformierter Kirchen* als konfessionelle Weltbünde.

4.2.6 Kooperationsformen

Für die Kooperation kirchlicher Körperschaften, vor allem der Kirchengemeinden und Kirchenkreise, haben sich bestimmte Formen der offenen und organisierten bis hin zur korporierten Zusammenarbeit herausgebildet, für die die Rechtsordnungen der Landeskirchen entsprechende Instrumente vorhalten (Munsonius 2009, 52–55).

(1) Die *offene* Zusammenarbeit beginnt mit Vereinbarungen, die zwischen selbständigen Rechtsträgern getroffen werden. Erforderlich ist dann eine *übereinstimmende Beschlussfassung* der jeweils zuständigen Organe. Die Zusammenarbeit findet eine gewisse Verdichtung bei Entscheidungen, die notwendigerweise gemeinsam getroffen werden müssen, wie dies z. B. bei pfarramtlich verbundenen Gemeinden der Fall ist. Dann kann eine *gemeinsame Beschlussfassung* vorgesehen sein, bei der die Gremien zu einem Beschlussorgan vereinigt werden.

(2) Die *organisierte* Zusammenarbeit kann in der Form der *Arbeitsgemeinschaft* oder des *Verbandes* stattfinden. Beide setzen die Errichtung einer Satzung voraus, in der geregelt wird, welche Aufgaben gemeinsam wahrgenommen werden, welche Organe dafür zu bilden sind, wie die beteiligten Körperschaften in die gemeinsame Struktur eingebunden werden und wie die erforderlichen Ressourcen aufgebracht werden. Während die Arbeitsge-

meinschaft keine eigene Rechtspersönlichkeit hat, bildet ein Verband eine eigenständige Körperschaft und kann eigene Rechte und Pflichten begründen, Vermögen erwerben und Verträge schließen.

(3) Die *korporierte* Zusammenarbeit findet in Form der *Gesamtgemeinde* statt, in die die einzelnen Gemeinden eingegliedert werden. Als selbständigen Untergliederungen bleibt ihnen ein bestimmter Bestand an Aufgaben und Kompetenzen erhalten, als unselbständige sind sie von den Rahmenvorgaben der Gesamtgemeinde abhängig. Die nächste Stufe der Verdichtung wäre die Vereinigung der Gemeinden zu einer neuen Kirchengemeinde. Die Kooperation mündet dann in »*Konfusion*«, d. h. in ein Zusammenfallen vormals unterschiedener Rechtsträger.

Zwischen diesen Kooperationsformen bestehen nahezu gleitende Übergänge. Durch das Satzungsrecht können Aufgaben, Organisation und Kompetenzen differenziert geregelt und die Rechtsformen einander angenähert werden. Wegen der weitreichenden Rechtswirkungen müssen in der Regel die Satzungen kirchenaufsichtlich genehmigt werden (→ 4.4.4.1). Die praktische Herausforderung besteht weniger darin, die Anforderungen der Rechtsformen zu erfüllen, als darin, die geeignete Rechtsform für die angestrebte Kooperation zu finden.

4.2.7 Einrichtungen und Werke

Die Ausdifferenzierung des kirchlichen Handelns führt dazu, dass nicht alle Aufgaben innerhalb der kirchlichen Verfassungsstruktur wahrgenommen werden (können). Es bestehen darum eine Fülle von Arbeitsstellen, Einrichtungen und Werken, wobei auch diese Sammelbegriffe nicht scharf definiert sind. Nach dem Rechtsstatus können ein kircheneigener und ein eigenständiger Typ unterschieden werden (Wellert 2016, 581–588).

4.2.7.1 Kircheneigener Typ

Der kircheneigene Typ wird in unmittelbarer Trägerschaft einer verfasstkirchlichen Einheit (→ 4.2.1–4) organisiert. Dabei können eine anstaltliche und eine korporative Form unterschieden werden. Die *Anstalt* ist eine Einrichtung, zu der Personen in ein Benutzerverhältnis treten können. Beispiele sind Kindergärten, Diakoniestationen und Akademien, aber auch die Sonderpfarrämter können hierzu gezählt werden (→ 1.5.1.3[2]). Die *Korporation* bildet einen Zusammenschluss von Menschen oder Organisationen, die gemeinsam ein bestimmtes Ziel verfolgen und sich dafür eine Organisationsstruktur geben. Beispiele sind Männer- und Frauenwerke, Chorverbände und Jugendorganisationen. Hierzu können auch die Kooperationsformen der organisierten Zusammenarbeit gezählt werden (→ 4.2.6).

Die Organisationen des kircheneigenen Typs genießen aufgrund ihrer kirchenrechtlichen Stellung eine gewisse Selbständigkeit, sind aber unmittelbar in die kirchliche Struktur eingebunden. Sie haben einen kirchlichen Rechtsstatus inne und nehmen im staatlichen Recht am öffentlich-rechtlichen Status der Kirche teil. In ihrem Handeln unterliegen sie dem Kirchenrecht und kirchlicher Aufsicht und sind in das kirchliche Finanzsystem eingebunden. Einzelheiten ergeben sich jeweils aus dem Statut (z. B. Satzung, Ordnung).

4.2.7.2 Eigenständiger Typ

Der eigenständige Typ zeichnet sich dadurch aus, dass rechtlich selbständige Organisationen in den Formen des Privatrechts (z. B. GmbH, e. V.) bestehen, die unabhängig von der verfassten Kirche entstanden oder von dieser bewusst als eigenständig gegründet worden sind. Dieser Typ findet sich vor allem im Bereich der Diakonie (→ 4.6.2), aber auch der Mission und der Bildungsarbeit (→ 4.6.1). Viele Einrichtungen sind vor allem im 19. Jh. entstanden, als die kirchliche Verfassungsstruktur für diese Handlungsfelder noch keine geeigneten Formen angeboten hat.

Diese Organisationen sind als kirchlich anzusehen, wenn sie einen kirchlichen Zweck verfolgen und damit am kirchlichen Handeln teilnehmen, wenn die Organisation und die Kirche wechselseitig diese Kirchlichkeit anerkennen und wenn eine rechtliche und organisatorische Verbindung zur Kirche besteht. Rechtlich kann die Verbindung darin bestehen, dass Satzungen und Satzungsänderungen von der Kirche genehmigt werden. Organisatorisch besteht sie meist darin, dass Vertreter der Kirche in den Organen des Rechtsträgers mitwirken.

Privatrechtliche Organisationen, die auf diese Weise der Kirche *zugeordnet* sind, haben an deren Selbstbestimmungsrecht nach Art. 140 GG i. V. m. Art. 137 Abs. 3 WRV Anteil (Glawatz-Wellert 2006). Für sie gilt zwar prinzipiell staatliches Recht, sie sind aber zumindest partiell in die kirchliche Rechtsordnung einbezogen, so dass für sie z. B. die Besonderheiten des kirchlichen Arbeits- (→ 4.3.4) und Datenschutzrechts (→ 4.4.3.2) gelten. Die EKD hat die Zuordnung durch die Zuordnungsrichtlinie und das Zuordnungsgesetz geregelt. Diakonische Einrichtungen sind in den Diakonischen Werken zusammengefasst, die gegenüber Staat und Öffentlichkeit als Spitzenverbände der freien Wohlfahrtspflege agieren und die Zuordnung zur Kirche vermitteln.

4.3 Personen

4.3.1 Grund- und Christenrechte

Es wird immer wieder die Frage aufgeworfen, ob die Kirche an Grundrechte gebunden ist, staatliche Grundrechte rezipieren oder eigene Grundrechte ausbilden soll.

Die *staatlichen Grundrechte* (Art. 1–19 GG) binden gemäß Art. 1 Abs. 3 GG »Gesetzgebung, vollziehende Gewalt und Rechtsprechung als unmittelbar geltendes Recht«. Sie verpflichten die staatliche Gewalt. Bürger sind grundrechtsberechtigt und grundsätzlich nicht -verpflichtet. Auch der Status als Körperschaft des öffentlichen Recht (→ 3.2.3.4) macht die Kirche nicht zu einer staatlichen Stelle, die an Grundrechte gebunden wäre. Wie andere gesellschaftliche Akteure ist auch die Kirche grundrechtsberechtigt und an staatliche Grundrechte nur gebunden, falls sie im Einzelfall staatliche Hoheitsgewalt ausübt oder soweit sich die Grundrechte im einfachen Gesetzesrecht des Staates niedergeschlagen haben.

Die staatlichen Grundrechte können in der Kirche Geltung erlangen, wenn sie dort *rezipiert*, d. h. durch eigene Normsetzung übernommen werden. Dies wird zwar gelegentlich diskutiert, hat bisher aber nirgends durchgreifend stattgefunden. Die staatlichen Grundrechte passen offensichtlich nicht ohne weiteres zur kirchlichen Ordnung (C. Heckel 2018).

In einigen Kirchenverfassungen finden sich eigene *kirchliche Grundrechte*, die den Zugang zum kirchlichen Leben und die Freiheit des Glaubens zum Gegenstand haben. Auch wird zuweilen die Gleichberechtigung der Kirchenmitglieder oder aller Menschen, insbesondere die von Männern und Frauen, statuiert. Dabei wird entweder an die alle Christen verbindende Taufe oder an die Gottebenbildlichkeit aller Menschen angeknüpft (Reisgies 2017, 167–172, 179–183).

Darüber hinaus gibt es Vorschläge für Kataloge kirchlicher Grundrechte, die ein Recht auf Zugang zum Glauben, auf Würde und Integrität der Person, auf freie Entfaltung der Persönlichkeit, auf Gewissens- und Meinungsfreiheit, auf Gleichheit, auf Teilhabe und auf Vereinigungs- und Versammlungsfreiheit umfassen (Huber 1997, 537–544). Man kann dies für »mit einem kräftigen Quentchen pastoraler Lyrik versetzte rechtspolitische Postulate« halten (Weber 1997, 302). Durchgesetzt haben sich diese Forderungen bislang nicht.

Eine Bindung an das *Menschenwürdeprinzip* und den *Gleichheitssatz* ist für das Kirchenrecht auch ohne eine positive Normierung anzunehmen. Die Menschenwürde hat u. a. wesentliche Wurzeln im biblischen Schöpfungsglauben und der Gottebenbildlichkeit des Menschen, die die prinzipielle Gleichheit aller Menschen impliziert (Munsonius 2016, 60–65). Damit steht das Menschenwürdeprinzip in unmittelbarem Zusammenhang mit den Bekenntnisgrundlagen der Kirche. Es gehört zu den Leitvorstellungen, die als *ius divinum* dem Kirchenrecht vorgegeben sind (→ 3.3.2.1). Aus dem Menschenwürdeprinzip ergibt sich, dass Menschen prinzipiell gleich zu achten und zu behandeln sind. Auch ist dem Recht als einem System allgemeiner Normen eingeschrieben, dass gleiche Fälle gleich zu behandeln sind (→ 3.1.1).

Insgesamt ist festzustellen, dass die Grundrechte, anders als im staatlichen Recht, im Kirchenrecht keine bedeutende Rolle spielen. Das liegt zum einen daran, dass das Kirchenrecht nicht der umfassenden Ordnung eines Gemeinwesens, sondern lediglich der Handlungsfähigkeit der kirchlichen Gemeinschaft dient. Dem entspricht die eingeschränkte Funktion, die subjektive Rechte im Kirchenrecht generell haben (→ 3.3.2.3). Zum anderen steht die Normierung kirchlicher Grundrechte in der Gefahr, die der Kirche wesentliche Unterscheidung von Geist und Recht zu unterlaufen, indem normiert werden soll, was sich nur in freier Kommunikation zu entfalten vermag (→ 3.3.3.1).

4.3.2 Kirchenmitgliedschaft

Sobald sich eine Mehrzahl von Menschen als Gemeinschaft versteht, entsteht die Frage der Zugehörigkeit (→ 1.1.1.1). Dies gilt erst recht, wenn eine Organisation gebildet wird und die Frage der Mitgliedschaft zu klären ist (→ 1.1.3.2). Dieser Status entscheidet darüber, inwieweit jemand an der Gemeinschaft partizipieren kann.

4.3.2.1 Staatliches Recht

Die Frage nach der Mitgliedschaft in einer Religionsgemeinschaft fällt in den Bereich der Religionsfreiheit nach Art. 4 Abs. 1 und 2 GG (→ 3.2.3.2).

Danach steht es jedem Menschen frei, Mitglied einer Religionsgemeinschaft zu werden oder nicht zu werden bzw. aus einer Religionsgemeinschaft wieder auszutreten. »Im staatlichen Recht ist die Freiwilligkeit der Mitgliedschaft in einer Religionsgemeinschaft nicht nur ausnahmefähiger Grundsatz, sondern absolutes Rechtsgebot« (Kuntze 2013, 3).

Für die Religionsgemeinschaften ist das Selbstbestimmungsrecht einschlägig (→ 3.2.3.3). Danach kann eine Religionsgemeinschaft selbst bestimmen, wer bei ihr Mitglied sein kann, wodurch die Mitgliedschaft begründet wird, welche Rechte und Pflichten damit verbunden sind und wie die Mitgliedschaft durch Entscheidung des Mitglieds oder der Religionsgemeinschaft wieder beendet werden kann. »Das von einer Glaubensgemeinschaft gesetzte Zugehörigkeitsrecht artikuliert das religiöse Selbstverständnis und kann vom Freiwilligkeitsgebot abweichen« (Kuntze 2013, 3). Für die EKD und die Landeskirchen gilt das Kirchenmitgliedschaftsgesetz der EKD von 1976.

Um die Freiheitsrechte der Individuen wie der Religionsgemeinschaften zu wahren, überlässt es der Staat weitgehend den Religionsgemeinschaften, die Begründung der Mitgliedschaft zu regeln, akzeptiert aber nur solche Regelungen, die die Freiwilligkeit der Mitgliedschaft wahren. Jeder Form einer Zwangsmitgliedschaft wird die bürgerliche Wirksamkeit verwehrt. Außerdem garantiert der Staat durch eigene Gesetze die Möglichkeit, aus der Religionsgemeinschaft mit bürgerlicher Wirkung auszutreten. Für privatrechtlich organisierte Religionsgemeinschaften gilt z. B. das allgemeine Vereinsrecht, für öffentlich-rechtlich organisierte hat der Staat Kirchenaustrittsgesetze erlassen. Danach kann die Mitgliedschaft durch Erklärung vor dem Amtsgericht bzw. Standesamt beendet werden. Ob die Religionsgemeinschaft in ihrer Rechtsordnung den Austritt nachvollzieht, ist für die bürgerliche Rechtsstellung irrelevant.

Für Minderjährige treffen die Eltern bzw. andere Sorgeberechtigte alle rechtserheblichen Entscheidungen. Für Fragen der Religion ist dies im Gesetz über die religiöse Kindererziehung von 1921 geregelt. Danach tragen die Eltern gemeinsam die Verantwortung in allen Religionsfragen, wobei die Religionsmündigkeit schon mit Vollendung des 14. Lebensjahres eintritt.

4.3.2.2 Kirchenmitgliedschaft als Rechtsverhältnis

Die Zugehörigkeit von Menschen zur Kirche kann ebenso unterschiedlich bestimmt werden, wie von der Kirche in unterschiedlicher Weise gesprochen werden kann (→ 1.1.2). So gründet die Zugehörigkeit zur *ecclesia spiri-*

tualis im Glauben, zur *ecclesia universalis* in der Taufe und zu einer *ecclesia particularis* in einer genauer zu bestimmenden Zuordnung. Diese verschiedenen Weisen der Kirchenzugehörigkeit dürfen nicht miteinander identifiziert werden, sind aber konsequent aufeinander bezogen.

Im evangelischen Kirchenrecht wird die Kirchenmitgliedschaft als ein Rechtsverhältnis verstanden, in dem die Zugehörigkeit zur Kirche im Bezug auf eine Partikularkirche praktische Gestalt gewinnt. Als Rechtsverhältnis wird sie durch *Rechte* und *Pflichten* beschrieben, die in §§ 3–5 KMG.EKD niedergelegt sind: Alle Kirchenmitglieder haben das Recht am kirchlichen Handeln teilzunehmen, sie sollen sich am kirchlichen Leben beteiligen und Aufgaben übernehmen; und sie sind verpflichtet, abhängig von ihrem Einkommen Kirchensteuer (→ 4.7.2.1) zu zahlen und so das kirchliche Handeln zu ermöglichen.

Um den Zusammenhang zwischen den verschiedenen Aspekten des Kirchenbegriffs zu wahren, ist die grundlegende Voraussetzung der Kirchenmitgliedschaft die *Taufe*. Da sich eine Partikularkirche von anderen vor allem territorial und konfessionell unterscheidet, treten *Bekenntnis* und *Wohnsitz* als weitere Voraussetzungen hinzu (§ 1 Abs. 1 KMG.EKD). Damit besteht die Kirchenmitgliedschaft zu einer bestimmten Kirchengemeinde (Parochie) und Landeskirche. Darüber hinaus wirken *Erklärungen* der Betroffenen auf das Rechtsverhältnis ein:

- Zur Begründung der Mitgliedschaft ist die Taufe erforderlich, die nach den Lebensordnungen und nach staatlichem Recht die Einwilligung des Täuflings bzw. seiner Sorgeberechtigten voraussetzt. Fehlt diese, ist zwar eine Taufe wirksam vollzogen, ein Kirchenmitgliedschaftsverhältnis aber solange schwebend unwirksam, bis die Einwilligung nachgeholt worden ist (Munsonius 2009).
- Evangelische Christen, die aus dem Ausland zuziehen, erwerben die Kirchenmitgliedschaft durch Erklärung gegenüber einer zuständigen Stelle; dies kann auch die staatliche Meldebehörde sein (§ 9 KMG.EKD).
- Die Kirchenmitgliedschaft endet mit der Erklärung des Kirchenaustritts oder dem Übertritt zu einer anderen Kirche (§ 10 KMG.EKD).
- Kirchenmitglieder können sich zu einer anderen Kirchengemeinde als derjenigen ihres Wohnsitzes umgemeinden.

4.3.3.3 Kirchenmitgliedschaft als Status

Die Kirchenmitgliedschaft ist das Rechtsverhältnis, durch das Menschen dem Grunde nach umfassend in das kirchliche Handeln einbezogen sind.

Sie nehmen nicht nur fallweise rezeptiv oder produktiv an diesem Handeln teil, sondern werden in die Verständigung über das kirchliche Handeln und in die Verantwortung dafür einbezogen (→ 1.3.3). Für die Übernahme bestimmter Aufgaben sind über die Kirchenmitgliedschaft hinaus bestimmte Voraussetzungen zu erfüllen (→ 4.3.3–5).

Auch ohne Kirchenmitglieder zu sein, können Menschen in einer besonderen Beziehung zur Kirche stehen. Dies gilt vor allem aufgrund der *Taufe*. Diese verleiht einen unverlierbaren Status (*character indelebilis*). der auch durch einen Kirchenaustritt nicht verloren geht. Die Verheißung der Taufe bleibt bestehen und bildet den Anknüpfungspunkt dafür, die Kirchenmitgliedschaft erneut zu begründen. Im Übrigen können alle Menschen nach Maßgabe der kirchlichen Ordnung in das kirchliche Handeln einbezogen werden und in diesem Rahmen kirchliche Rechte und Pflichten übernehmen.

Immer wieder wird diskutiert, ob man interessierten Menschen eine Form *gestufter Mitgliedschaft* anbieten soll. Damit könne man Menschen für die Kirche gewinnen, denen eine Voll-Mitgliedschaft »noch zu viel« sei. Angesichts des eng umrissenen Bestandes an Rechten und Pflichten, die sich aus der Mitgliedschaft ergeben, fragt sich jedoch, wodurch eine gestufte Form der Kirchenmitgliedschaft inhaltlich gefüllt werden soll. Die Teilnahme an allgemeinen kirchlichen Veranstaltungen ist allen interessierten Menschen möglich, ebenso das Engagement für bestimmte kirchliche Projekte. Insofern dürfte für solche gestuften Formen kein Bedarf bestehen. Das Problem ist eher eines der Praxis als des Rechts.

Ein überkommenes Mittel, die Rechtsstellung von Kirchenmitgliedern einzuschränken, stellt die *Kirchenzucht* dar. Durch die Kirchenzucht soll verdeutlicht werden, dass der christliche Glaube Konsequenzen für die Lebensführung hat. Zeitweise diente sie zur sozialen Disziplinierung, wird aber mittlerweile nur noch für Fälle erkennbarer Evangeliums- und Kirchenfeindlichkeit vorgesehen. Gängiges Mittel ist der Entzug der Zulassung zum Abendmahl. Damit geht in der Regel auch das Recht verloren, kirchliche Ämter auszuüben. Zuständig für Maßnahmen der Kirchenzucht sind in der Regel die Pfarrer und Kirchenvorstände. Zuweilen müssen weitere kirchenleitende Organe mitwirken. Allerdings wird Kirchenzucht nach allgemeinem Eindruck kaum noch geübt, die Verwehrung des Abendmahls wird aus praktischen und theologischen Gründen kritisiert und die einschlägigen Vorschriften fristen ein Schattendasein oder werden mittlerweile aufgehoben.

4.3.3 Ehrenamt

Prinzipiell können alle kirchlichen Handlungsfelder ehrenamtlich wahrgenommen werden. Und der weit überwiegende Anteil der kirchlichen Mitarbeiter, ca. 1,1 Mio., ist ehrenamtlich in einem Auftragsverhältnis tätig (→ 4.3.3.1). Kirchenrechtlich interessant sind vor allem diejenigen Tätigkeitsfelder, die als Kirchenleitung bezeichnet werden können: die Beteiligung am Verkündigungsdienst (→ 4.3.3.3) und die Ausübung von Leitungsfunktionen (→ 4.3.3.2).

4.3.3.1 Auftragsverhältnis

Für kirchliche Ehrenämter sind staatliche und kirchliche Rechtsnormen zu beachten. Das staatliche Recht setzt einen Rahmen, der insbesondere das Handeln im allgemeinen Rechtsverkehr, Rechtsbeziehungen zu Dritten und Fragen der Haftung betrifft. Kirchliche Vorschriften regeln den Inhalt der Ehrenämter und formen die staatlichen Rahmenvorgaben aus. Einige Landeskirchen haben allgemeine Regeln zum Ehrenamt in Ehrenamtsgesetzen zusammengefasst.

Ehrenamtliche Arbeit geschieht freiwillig und unentgeltlich. Ihr liegt ein Auftragsverhältnis zugrunde (§§ 662–674 BGB). Aus dem Auftrag ergibt sich, wer welche Aufgabe für eine bestimmte kirchliche Stelle wahrnimmt. Bei kirchlichen Ehrenämtern findet sinnfälligerweise oft eine gottesdienstliche Einführung statt. Mit der Aufgabe werden auch die notwendigen Kompetenzen wie z. B. Vertretungsbefugnisse übertragen. Aus dem Auftragsverhältnis hat der Auftraggeber einen Anspruch auf sorgfältige Erfüllung des Auftrags. Dazu gehört, dass Ehrenamtliche die einschlägigen staatlichen und kirchlichen Regelungen beachten. Im Gegenzug haben sie Anspruch auf Ersatz der Aufwendungen, die für die Erfüllung des Auftrags erforderlich sind. Zwischen Auftraggeber und -nehmer bestehen Informations- und Auskunftspflichten. Wie bei anderen Mitarbeitern kann auch von Ehrenamtlichen verlangt werden, dass ihre Lebensführung nicht die Glaubwürdigkeit der kirchlichen Verkündigung beeinträchtigt.

Ehrenamtliche haften gegenüber ihrem Auftraggeber und gegenüber Dritten, denen sie schuldhaft Schaden zufügen. Oft muss aber auch der Auftraggeber dafür einstehen. Die Kirchen haben durch weitreichende Versicherungen zum Schutz der Ehrenamtlichen vorgesorgt. Nach § 2 Abs. 1

Nr. 10 lit. b SGB VII besteht außerdem ein gesetzlicher Unfallversicherungsschutz.

4.3.3.2 Leitungsfunktionen

Auf allen Ebenen sind Ehrenamtliche an der Leitung der Kirche beteiligt. Prototyp des ehrenamtlichen kirchlichen Leitungsamts ist das eines *Kirchenvorstehers* (Munsonius 2011b). Die für dieses Amt formulierten Voraussetzungen gelten zumeist auch für alle anderen ehrenamtlichen Leitungsämter.

Voraussetzungen. Wer Kirchenvorsteher werden kann, wird in Kirchenverfassungen, Wahlgesetzen und Kirchengemeindeordnungen geregelt. Mindestbedingungen sind die Kirchenmitgliedschaft in der Kirchengemeinde und ein Mindestalter, das regelmäßig bei 18 Jahren liegt. Das Wahlrecht kann ausgeschlossen sein, wenn die bürgerliche Geschäftsfähigkeit eingeschränkt ist. Die Aufstellung zur Wahl setzt außerdem die Bereitschaft voraus, das Amt zu übernehmen und ein vorgesehenes Versprechen abzulegen. Die Wählbarkeit ist meist ausgeschlossen, wenn Verwandtschaft zu anderen Mitgliedern des Kirchenvorstands oder ein Beschäftigungsverhältnis zur Kirchengemeinde besteht. Oft finden sich noch weitere Voraussetzungen, die gewährleisten sollen, dass die Kandidaten gut im kirchlichen Leben verankert sind.

Rechtsstellung. Kirchenvorsteher haben die Aufgabe, im Zusammenwirken mit den anderen Mitgliedern des Kirchenvorstandes die Gemeinde zu leiten. Darum haben sie das *Recht*, an allen Beratungen und Beschlussfassungen teilzunehmen, es sei denn, es besteht im Einzelfall ein Ausschließungsgrund wegen persönlicher Betroffenheit. Dass die Teilnahme auch praktisch möglich ist, wird durch die Vorschriften über Einladungsfristen und die Aufstellung der Tagesordnung gesichert. In den Sitzungen bestehen die üblichen Mitwirkungsrechte wie Antrags-, Rede- und Stimmrecht. Werden diese Rechte verletzt, sind Kirchenvorstandsbeschlüsse rechtswidrig und aufzuheben, wenn die realistische Möglichkeit besteht, dass bei ihrer Beachtung eine andere Entscheidung zustande gekommen wäre.

Die *Pflichten* eines Kirchenvorstehers sind teilweise konkret bestimmt, teilweise auch nur generalklauselartig umschrieben. Da sind vor allem die Regelungen über die Geschäftsführung des Kirchenvorstandes und über die Vertretung im Rechtsverkehr. So sind alle Mitglieder des Kirchenvorstandes in ihrem Handeln an die gefassten Beschlüsse gebunden. Weiterhin besteht die Pflicht, im Außenverhältnis alles Handeln für die Kirchengemeinde zu unterlassen, für das keine ausreichende Ermächtigung gegeben ist. Zu nennen ist noch die Pflicht zur Verschwiegenheit und zur Einhaltung des Datenschutzes.

Außerdem wird von Kirchenvorstehern eine konstruktive, geschwisterliche Zusammenarbeit erwartet. Teilweise hat sich dies in Regeln zur Geschäftsordnung niedergeschlagen, die zu beachten sind und sanktioniert werden können. Darüber hinaus eignet dieser Verpflichtung eine zuweilen lästige Unterbestimmtheit. Denn konstruktive, geschwisterliche Zusammenarbeit darf abweichende Ansichten und Kritik nicht ausschließen. Hier ist weniger die rechtliche Normierung als die Entwicklung einer guten Leitungskultur gefordert.

Beeinträchtigungen. Die Arbeit eines Kirchenvorstandes kann dadurch beeinträchtigt werden, dass ein Kirchenvorsteher nicht mehr die Voraussetzungen erfüllt, die für die Übertragung des Amtes bestehen, oder dass er seinen Amtspflichten nicht Genüge tut. Dann besteht ein Bedürfnis, die Arbeitsfähigkeit des Kirchenvorstandes und das Vertrauen in dessen ordnungsgemäße Amtsführung wiederherzustellen.

Ein Kirchenvorsteher verliert sein Amt, wenn dessen Voraussetzungen nicht mehr gegeben sind. Der reguläre Fall ist das Ende der Wahlperiode. Fortzug aus dem Gemeindegebiet beendet regelmäßig die Gemeindezugehörigkeit, mit dem Kirchenaustritt oder Tod endet auch die Kirchenmitgliedschaft. Die Anordnung von Betreuung nach den Vorschriften des BGB und das Erreichen einer Altersgrenze kann ebenfalls ein Ausscheiden aus dem Amt auslösen. Hierüber ist sinnvollerweise ein Feststellungsbeschluss zu treffen. Die Zuständigkeit kann bei dem Kirchenvorstand selbst oder einer Aufsichtsstelle liegen.

Die Erklärung des Rücktritts dokumentiert, dass keine Bereitschaft mehr besteht, das Amt wahrzunehmen. Die zuweilen normierten Einschränkungen auf bestimmte Rücktrittsgründe wie Krankheit oder Überlastung dürften vorrangig Appellfunktion haben. Wenn jemand sein Amt – beispielsweise aus gesundheitlichen, familiären oder beruflichen Gründen – dauerhaft nicht wahrnehmen kann, kommt der Entzug des Amtes durch die Entscheidung von Organen des Kirchenkreises oder der Landeskirche in Betracht.

Wenn ein Kirchenvorsteher gegen die Pflichten aus seinem Amt verstößt, insbesondere wenn er sich bekenntniswidrig verhält oder ein Ärgernis bereitet, kann dies aufgrund kirchengesetzlicher Bestimmungen sanktioniert werden. Zuständig sind in der Regel Organe des Kirchenkreises oder

der Landeskirche. Die Sanktionen können von einer Mahnung über einen Verweis bis zum Entzug des Amtes reichen. Zumeist lässt sich den Regelungen entnehmen, dass der Entzug des Amtes *ultima ratio* zu sein hat. So müssen Bemühungen erfolgs- und aussichtslos geblieben sein, den Kirchenvorsteher zu pflichtgemäßem Verhalten anzuhalten.

4.3.3.3 Verkündigungsdienst

In allen Landeskirchen nehmen Lektoren und Prädikanten ehrenamtlich am Verkündigungsdienst teil (Klueting 2004), wobei Lektoren ausgearbeitete Lesepredigten verwenden, während Prädikanten zur freien Wortverkündigung mit selbst erarbeiteten Predigten berechtigt sind. Voraussetzung für das Lektoren- und Prädikantenamt sind die Mitgliedschaft in der evangelischen Kirche, Teilnahme am Gemeindeleben und eine Ausbildung, die sich auf eine theologische Grundbildung, Kenntnisse der Homiletik und eine Praxiserprobung erstreckt.

Der Akt der Berufung in das Prädikantenamt wird in einigen Landeskirchen als Ordination, in anderen als Bevollmächtigung oder Beauftragung bezeichnet (Munsonius 2013). Dies ist jedoch nur eine Frage der Terminologie. In jedem Fall sind Prädikanten gemäß CA 14 ordentlich zu berufen (*rite vocatus*). Die gegenüber der Ordination zum Pfarramt abweichenden Bezeichnungen sollen markieren, dass der Aufgabenkreis des Pfarramtes weiter gefasst ist. Im Hinblick auf das Predigtamt besteht zwischen den Berufungsformen kein Unterschied. Lektoren werden in der Regel beauftragt.

Das Prädikantenamt wird oftmals zeitlich und örtlich eingeschränkt. So erfolgen Bevollmächtigungen nur für einen bestimmten Kirchenkreis und für eine bestimmte Dauer. Auch ein Höchstalter wird gelegentlich vorgeschrieben. Unterschiedlich ist geregelt, ob Prädikanten das Abendmahl leiten (→ 4.5.1.3) oder Amtshandlungen durchführen dürfen (→ 4.5.2). Während die Reserve beim Abendmahl aus amts- und sakramentstheologischen Gründen zweifelhaft ist, wäre bei Amtshandlungen wegen des seelsorgerlichen Aspekts in der Tat noch eine spezielle Ausbildung nötig. Während manche Landeskirchen das Tragen eines Prädikantentalars vorsehen, lassen andere diese Frage offen.

Lektoren und Prädikanten versehen ihren Dienst in einem bestimmten Kirchenkreis und unterstehen der Aufsicht des Superintendenten. Prädikanten unterstehen wie Pfarrer einer Lehraufsicht. Für ihren Dienst erhalten Lektoren und Prädikanten Fahrtkosten und einen pauschalierten Aufwendungsersatz. Auch werden sie durch Fortbildungsangebote unterstützt. In den Kirchenkreisen, Sprengeln und Landeskirchen gibt es besondere Beauftragte oder Sprecher für den Lektoren- und Prädikantendienst.

Der Prädikantendienst endet mit Ablauf einer Befristung oder Erreichen einer Altersgrenze, Fortzug aus dem Tätigkeitsgebiet oder bei Verlust der Rechte aus der Berufung auf Antrag, bei Wegfall der Voraussetzungen, bei Pflichtverletzungen oder bei beharrlichem Widerspruch zu Schrift und Bekenntnis.

4.3.3.4 Sonderfall Patronat

Eine eigentümliche kirchliche Rechtsstellung natürlicher aber auch juristischer Personen, die sich schwer in eine Systematik einordnen lässt, stellt das Patronat dar (Winkel 2006), das als eine Art Schirmherrschaft über eine Kirche verstanden werden kann. Es geht zurück auf Regelungen des kanonischen Rechts im 12. und 13. Jh., die die Privilegien des Stifters einer Kirche, Kapelle oder sonstigen Vermögens für kirchliche Zwecke betrafen. Seit dem 19. Jh. wird das Patronat verbreitet als nicht mehr zeitgemäß empfunden und verschiedentlich durch Vertrag und Kirchengesetz abgelöst. Dennoch bestehen Patronate weiterhin und sind nach dem Ende der DDR dort vereinzelt sogar neu begründet worden.

Patronate können persönlicher und dinglicher Natur sein, d. h. sie sind entweder an Personen und deren Abstammung oder an das Eigentum an einem bestimmten Grundvermögen gebunden. Aus dem Patronat können sich auf der einen Seite fortbestehende Unterhaltsverpflichtungen (Baulasten) ergeben. Auf der anderen Seite hat der Patron das Präsentationsrecht, d. h. die Möglichkeit, auf die Besetzung der Pfarrstelle Einfluss zu nehmen. Weitere Rechte wie das auf einen Ehrenplatz in der Kirche und auf Fürbitte im Kirchengebet haben mittlerweile an Bedeutung verloren.

4.3.4 Arbeitsrecht

4.3.4.1 Kirchliche Arbeitsverhältnisse

In der verfassten evangelischen Kirche arbeiten ca. 200.000 Mitarbeiter in privatrechtlichen Arbeitsverhältnissen, in der Diakonie ca. 450.000. Diesen

Arbeitsverhältnissen liegen Dienstverträge auf der Grundlage des allgemeinen Zivilrechts zugrunde.

Nach § 611 BGB wird durch einen Dienstvertrag derjenige, welcher Dienste zusagt, zur Leistung der versprochenen Dienste, der andere Teil zur Gewährung der vereinbarten Vergütung verpflichtet. Damit ist die Beziehung zwischen den Vertragsparteien auf den Austausch von Arbeitsleistung und Arbeitslohn fokussiert. Das allgemeine Arbeitsrecht geht von dieser Kernbestimmung des Arbeitsverhältnisses aus und reichert sie um vielfältige Regelungen an. Dabei ist ein leitender Gesichtspunkt, dass der Arbeitnehmer darauf angewiesen ist, eine auskömmliche und dauerhafte Vergütung zu erzielen, um seinen Lebensunterhalt zu bestreiten. Das Arbeitsverhältnis ist zudem die Grundlage für die Teilnahme am Wirtschaftsleben und auch darum schutzbedürftig.

Außer den gesetzlichen und einzelvertraglichen Bestimmungen wird das Arbeitsverhältnis regelmäßig durch Kollektivvereinbarungen bestimmt. Art. 9 Abs. 3 GG garantiert die Koalitionsfreiheit als das Recht, Gewerkschaften und Arbeitgeberverbände zu bilden und sich als solche wirkungsvoll zu betätigen. Dafür ist durch das Tarifvertragsgesetz das Mittel des Tarifvertrags vorgesehen, durch den für Arbeitgeber und Arbeitnehmer verbindliche Arbeitsvertragsbedingungen geschaffen werden. Für die wirkungsvolle Durchsetzung ihrer Forderungen stehen den Koalitionen die Arbeitskampfmittel Streik und Aussperrung zur Verfügung, die eingesetzt werden können, solange keine Friedenspflicht besteht.

Mit dem Gedanken der Dienstgemeinschaft (→ 1.3.2) ist das allgemeine Arbeitsrecht nicht von vornherein im Einklang. Über den Austausch von Arbeitsleistung und -lohn hinaus ist die Dienstgemeinschaft von dem Gedanken bestimmt, dass sich alle Beteiligten mit dem kirchlichen Auftrag identifizieren. Dies begründet erhöhte Loyalitätsanforderungen. Zum anderen widerspricht der Austrag von Interessengegensätzen durch Arbeitskampf diesem Leitbild. Wer seine Arbeit als Beitrag zum kirchlichen Handeln und damit zur Verwirklichung des der Kirche vorgegebenen Auftrags versteht, muss die Möglichkeit haben, Differenzen auszutragen, ohne seinen Dienst zu unterbrechen. Der Dienst der Verkündigung und der Diakonie soll keinen Aufschub erleiden. Auch ist die konfrontative Auseinandersetzung im Arbeitskampf mit dem Ziel einer vertrauensvollen Zusammenarbeit im Sinne der Dienstgemeinschaft kaum vereinbar.

Das Arbeitsrecht wird darum in der Kirche auf der Grundlage des kirchlichen Selbstbestimmungsrechts modifiziert. Das staatliche Recht erfährt Einschränkungen, soweit es nicht als »für alle geltendes Gesetz« angesehen werden kann, weil es das Selbstverständnis der Kirche unverhältnismäßig beeinträchtigt (→ 3.2.3.3). Infolgedessen hat der Gesetzgeber die Kirchen von der Anwendung des Betriebsverfassungs- und Mitbestimmungsrechts ausgenommen. Soweit das staatliche Recht nicht anwendbar ist oder Spielräume lässt, werden kirchliche Regelungen wirksam. Besonderes Interesse finden dabei im Individualarbeitsrecht die Loyalitätsanforderungen (→ 4.3.4.2) und im Kollektivarbeitsrecht das Verhältnis zur Koalitionsfreiheit (→ 4.3.4.3).

4.3.4.2 Individualarbeitsrecht

Welche Verhaltens- und Loyalitätsanforderungen die Kirchen an ihre Mitarbeiter stellen können, wird immer wieder lebhaft diskutiert. Das Bundesverfassungsgericht hat lange Zeit den Kirchen einen weiten Gestaltungsspielraum eingeräumt:

> »Es bleibt danach grundsätzlich den verfaßten Kirchen überlassen, verbindlich zu bestimmen, was ›die Glaubwürdigkeit der Kirche und ihrer Verkündigung erfordert‹, was ›spezifisch kirchliche Aufgaben‹ sind, was ›Nähe‹ zu ihnen bedeutet, welches die ›wesentlichen Grundsätze der Glaubens- und Sittenlehre‹ sind und was als – gegebenenfalls schwerer – Verstoß gegen diese anzusehen ist. Auch die Entscheidung darüber, ob und wie innerhalb der im kirchlichen Dienst tätigen Mitarbeiter eine ›Abstufung‹ der Loyalitätspflichten eingreifen soll, ist grundsätzlich eine dem kirchlichen Selbstbestimmungsrecht unterliegende Angelegenheit« (BVerfGE 70, 138 [Leitsätze]).

Eine gegenläufige Tendenz ergibt sich aus dem Antidiskriminierungsrecht, wie es durch die Antidiskriminierungs-Richtlinie der Europäischen Union und das Allgemeine Gleichbehandlungsgesetz normiert ist. Danach darf in privatrechtlichen Vertragsverhältnissen niemand aus Gründen der Religion benachteiligt werden. Für Religionsgemeinschaften ist allerdings eine Öffnungsklausel vorgesehen, soweit die Religionszugehörigkeit oder bestimmte Loyalitätsanforderungen aus ihrem Selbstverständnis und der Art der Tätigkeit gerechtfertigt sind. Die Auslegung dieser Normen ist zwischen dem Bundesverfassungsgericht, dem Bundesarbeitsgericht und dem Europäischen Gerichtshof umstritten.

In Übereinstimmung mit der bisherigen Rechtsprechung des Bundesverfassungsgerichts und des Europäischen Gerichtshofs für Menschenrechte (EGMR) wird es darauf ankommen, einen Ausgleich zwischen dem kirchlichen Selbstbestimmungsrecht und den konfligierenden Rechtspositionen der betroffenen Mitarbeiter herzustellen. Die Kirche muss allerdings mehr als in der Vergangenheit plausibel machen, warum sie bestimmte Erwartungen an ihre Mitarbeiter hat. Nur so lassen sich die Anforderungen an den kirchlichen Dienst aufrechterhalten.

Die EKD hat zuletzt in der Richtlinie über kirchliche Anforderungen der beruflichen Mitarbeit vom 9.12.2016 (sog. »Loyalitätsrichtlinie«) die Anforderungen konkretisiert. Danach setzt die Mitarbeit in der evangelischen Kirche und ihrer Diakonie grundsätzlich die Kirchenmitgliedschaft voraus. Für Stellen außerhalb von Verkündigung, Seelsorge und Bildung sind Abweichungen möglich. Für Leitungsaufgaben wird aber immer noch die Mitgliedschaft in einer AcK-Kirche gefordert. Der Kirchenaustritt steht einer Einstellung entgegen bzw. zieht die Kündigung nach sich. Alle Mitarbeiter müssen sich loyal verhalten, Christen für die evangelische Prägung eintreten und alle anderen diese achten. Bei Verstößen gegen die Loyalitätsanforderungen kann mit den üblichen Mitteln des Arbeitsrechts, vom Gespräch über die Abmahnung bis zur außerordentlichen Kündigung, reagiert werden.

4.3.4.3 Kollektivarbeitsrecht

Das Kollektivarbeitsrecht der Kirchen steht im Spannungsfeld zwischen dem kirchlichen Selbstbestimmungsrecht und der durch Art. 9 Abs. 3 GG garantierten Koalitionsfreiheit. Dabei ist insbesondere das Streikrecht problematisch. Art. 9 Abs. 3 GG garantiert dieses nicht unmittelbar und um seiner selbst willen, sondern nur als Mittel wirkungsvoller Koalitionsbetätigung. Es ist darum entbehrlich, wenn andere Mittel wirkungsvoller Betätigung zur Verfügung stehen. Dazu hat die EKD das Arbeitsrechtsregelungsgrundsätzegesetz vom 13.11.2013 erlassen, das durch landeskirchliches Recht konkretisiert wird (Joussen 2014). Arbeitsrechtsregelungen können demnach durch kirchengemäße Tarifverträge, die den Streik durch einen Grundlagentarifvertrag ausschließen (»Zweiter Weg«), oder im »Dritten Weg« getroffen werden. Dieser findet seine Grundlage in den Arbeitsrechtsregelungsgesetzen der EKD und der Landeskirchen.

Der *Dritte Weg* wurde als Alternative zum Tarifvertragssystem entwickelt. Danach werden die Arbeitsbedingungen durch Arbeitsrechtliche Kommissionen festgelegt, die je zur Hälfte mit Vertretern der Mitarbeiterschaft und der Anstellungsträger besetzt sind. Die Vertreter der Mitarbeiter werden von beruflichen Vereinigungen der Mitarbeiter, Gewerkschaften oder Gesamtmitarbeitervertretungen bestellt. Berufliche Vereinigungen sind freie, organisierte

Zusammenschlüsse, in denen kirchliche und diakonische Mitarbeiter vertreten sind, und deren Zweck in der Wahrung und Förderung der beruflichen, wirtschaftlichen und sozialen Belange der Mitarbeiter besteht.

Durch die Regelungen zur Beschlussfähigkeit und den Mehrheitserfordernissen wird gewährleistet, dass niemals eine Entscheidung ergehen kann, ohne dass nicht wenigstens ein Vertreter der Mitarbeiter zugestimmt hat. Wenn die Arbeitsrechtliche Kommission keine Beschlüsse zustande bringt, entscheidet der Schlichtungsausschuss, der mit einem Vorsitzenden und Beisitzern besetzt ist, die von Mitarbeiter- und Anstellungsträgerseite bestellt werden. An der Bestellung des Vorsitzenden sind Dienstgeber und Dienstnehmer oder ein neutraler Dritter beteiligt.

Durch diese Regelungen soll sichergestellt werden, dass Mitarbeiter und Anstellungsträger gleichgewichtigen Einfluss auf die Gestaltung der Arbeitsbedingungen haben. Neben der formalen Parität kommt es jedoch auch auf die Herstellung materieller Parität an. Dafür sind ausreichende Freistellungen, Fortbildung und Möglichkeiten externer Beratung entscheidend. Durch einen Kündigungsschutz wird die Unabhängigkeit der Kommissionsmitglieder gesichert. So kann dem kirchlichen Selbstbestimmungsrecht und der Koalitionsfreiheit gleichermaßen Rechnung getragen werden. Dies ist durch Entscheidungen des Bundesarbeitsgerichts vom 20.11.2012 (Az. 1 AZR 179/11 [Dritter Weg]; 1 AZR 611/ 11 [Zweiter Weg]) prinzipiell bestätigt worden.

4.3.5 Dienstrecht

4.3.5.1 Öffentlich-rechtliche Dienstverhältnisse

Außer in privatrechtlichen kann die Kirche Mitarbeiter auch in öffentlich-rechtlichen Dienstverhältnissen beschäftigen. Diese Möglichkeit bietet ihr Status als Körperschaft des öffentlichen Rechts (→ 3.2.3.4). Denn dieser umfasst auch die *Dienstherrenfähigkeit*. Die Kirchen können Dienstverhältnisse begründen, die aus dem Geltungsbereich des Arbeits- und Sozialversicherungsrechts ausgenommen sind. Sie haben damit die Möglichkeit, ihr Dienstrecht in einer Weise zu gestalten, die ihrem Selbstverständnis und den Anforderungen ihres Dienstes besonders gut entspricht.

Welche Anforderungen ein kirchliches Dienstrecht erfüllen muss, wird gerne unter dem (vielleicht nicht ganz glücklichen) Stichwort »Typenzwang« verhandelt. Es geht dabei um die Frage, welche Elemente des staatlichen Beamtenrechts von den Kirchen zu übernehmen sind. Dabei ist nach dem Zweck der Regelungen zu unterscheiden. Die durch Art. 33 Abs. 5 GG garantierten Grundsätze des Berufsbeamtentums sichern die Funktionsfähigkeit der staatlichen Verwaltung und korrespondierend die soziale Stellung der Beamten. Für das kirchliche Dienstrecht sind die Anforderungen in der ersten Hinsicht anhand des kirchlichen Selbstverständnisses zu bestimmen. Der Staat hat keine Kompetenz zu beurteilen, welche Anforderungen an Dienstausübung und Lebensführung der kirchliche Auftrag mit sich bringt. Die soziale Sicherung der Beamten andererseits ist letztlich Ausfluss des Sozialstaatsprinzips: Es ist dem Staat und den Kirchen verwehrt, Menschen aus dem System sozialer Sicherung auszuschließen, ohne für hinreichende Äquivalente zu sorgen. Die Kirchen haben darum die soziale Sicherung zu gewährleisten. Es handelt sich insofern um eine Ausprägung des »für alle geltenden Gesetzes« (→ 3.2.3.3).

Privatrechtliche und öffentlich-rechtliche Dienstverhältnisse weisen eine Reihe von Unterschieden auf:

- Privatrechtliche Dienstverhältnisse werden durch einen Vertrag begründet, ihr Inhalt ist darum ausgehend von dem zu bestimmen, was die Parteien vereinbart haben. Öffentlich-rechtliche Dienstverhältnisse beruhen auf einem mitwirkungsbedürftigen Verwaltungsakt, ihr Inhalt wird durch den zuständigen Gesetzgeber bestimmt und kann auch nachträglich und ohne Mitwirkung des Beamten geändert werden.
- Ein Arbeitsverhältnis kann durch Befristung, Aufhebungsvertrag oder Kündigung beendet werden. Ein Beamtenverhältnis besteht idealtypisch auf Lebenszeit. Dieses lebenslängliche Dienstverhältnis ist von der konkreten Stellenzuweisung zu unterscheiden. Darum sind Versetzungen aus dienstlichen oder persönlichen Gründen möglich.
- Privatrechtlich besteht ein Austauschverhältnis, d. h. für eine Leistung wird ein entsprechendes Entgelt gezahlt. Öffentlich-rechtlich spricht man von einem Treueverhältnis, bei dem Leistung und Gegenleistung entkoppelt sind. Beamte haben sich mit ganzer Hingabe ihrem Dienst zu widmen und auch in ihrer sonstigen Lebensführung den Erwartungen, die mit ihrem Amt verbunden sind, zu entsprechen. Sie werden im Gegenzug ohne Rücksicht auf den Umfang des geleisteten Dienstes alimentiert, d. h. eine auskömmliche Besoldung und Versorgung ist ihnen garantiert.
- Die Sicherung bestimmter Risiko- und Bedarfslagen geschieht gemeinhin durch Einbeziehung der Mitarbeiter in die Sozialversicherungen. Im öffentlich-rechtlichen Dienstverhältnis tritt an diese Stelle die Alimentation.

Der Dienstherr ist verpflichtet durch ausreichende Gehaltszahlung, Beihilfe und (Alters-)Versorgung für den Lebensunterhalt des Beamten zu sorgen.
- Werden Arbeitnehmer ihrer Leistungspflicht nicht gerecht, kann der Arbeitgeber mit Abmahnung und Kündigung reagieren. Dem Dienstherrn ist dies bei seinen Beamten verwehrt. Hier müssen Pflichtverletzungen mit den Mitteln des Disziplinarrechts bearbeitet werden, das nur in Extremfällen die Entfernung aus dem Dienst vorsieht (→ 4.3.5.4).

Öffentlich-rechtliche Dienstverhältnisse binden Dienstherrn und Beamte in besonderer Weise aneinander. Dies ermöglicht besondere Anforderungen an den Dienst zu realisieren, begründet aber auch eine entsprechende Fürsorgepflicht. Öffentlich-rechtliche Dienstverhältnisse bieten sich dort an, wo zugleich ein besonders hohes Maß an Unabhängigkeit und Verantwortlichkeit realisiert werden soll. In der Kirche betrifft dies insbesondere den Pfarrdienst (→ 4.3.5.3) und die Kirchenbeamten in Leitung und Verwaltung sowie an Schulen und Hochschulen (→ 4.3.5.2).

4.3.5.2 Beamtenrecht

Das Beamtenrecht der evangelischen Kirche ist im Wesentlichen durch das Kirchenbeamtengesetz der EKD vom 10.11.2005 geregelt (Kapischke 2007). Dieses ist dem staatlichen Beamtenrecht vergleichbar. Ein Beamtenverhältnis soll begründet werden, wenn jemand Aufsichtsbefugnisse oder überwiegend andere Aufgaben von besonderer kirchlicher Verantwortung wahrnehmen soll. Kriterien für die Berufung sind Eignung, Befähigung und fachliche Leistung. Es geht darum, im Wege der Bestenauslese diejenigen zu gewinnen, die eine bestimmte Funktion optimal erfüllen können. Andere Gesichtspunkte treten daneben in den Hintergrund. Voraussetzungen für die Berufung in ein Kirchenbeamtenverhältnis sind die Kirchenmitgliedschaft, die Gewähr eines angemessenen inner- und außerdienstlichen Verhaltens, ausreichende Vorbildung und hinreichende Leistungsfähigkeit.

Ein Kirchenbeamtenverhältnis kann durch Beurlaubung oder Teildienst eingeschränkt, seine Aufgaben durch Abordnung, Zuweisung an eine andere Dienststelle oder Versetzung verändert werden (§§ 56–59 KBG.EKD). Ein Beamter kann in den Wartestand versetzt werden, wenn Dienststellen wesentlich verändert werden und der Beamte nicht mehr eingesetzt werden kann, oder wenn eine nachhaltige Störung des Dienstes festzustellen ist (§ 60 KBG.EKD). Bei Erreichen der Altersgrenze, während einer Übergangsfrist auch schon auf Antrag, und bei Dienstunfähigkeit werden Kirchenbeamte in den Ruhestand versetzt. Damit endet die Pflicht zur Dienstleistung und die Versorgung tritt an die Stelle der Besoldung. Im Übrigen bleibt die Rechtsstellung unverändert (§ 72 KBG.EKD). Das Kirchenbeamtenverhältnis endet – außer mit dem Tod – durch Entlassung oder Entfernung aus dem Dienst. Die Entlassung kann auf Antrag erfolgen. Im Übrigen gibt es gesetzlich geregelte Tatbestände für die Beendigung.

Ist das kirchliche Beamtenverhältnis der Form nach kaum von einem staatlichen zu unterscheiden, erfährt es dennoch eine entscheidend eigene inhaltliche Ausrichtung. Die Grundbestimmung über die Pflichten eines Kirchenbeamten findet sich in § 18 KBG.EKD:

> »Kirchenbeamtinnen und Kirchenbeamte haben ihren Dienst in Bindung an Schrift und Bekenntnis und nach den Ordnungen der Kirche auszuüben. Sie haben die ihnen obliegenden Pflichten mit vollem persönlichen Einsatz, treu, uneigennützig und gewissenhaft zu erfüllen. Sie haben sich innerhalb und außerhalb des Dienstes so zu verhalten, dass das Vertrauen in ihre pflichtgemäße Amtsführung gewahrt und die Glaubwürdigkeit der Wahrnehmung des kirchlichen Auftrages nicht beeinträchtigt wird.«

Durch § 18 S. 3 KBG.EKD werden besondere Lebensführungspflichten begründet, die über die dienstliche Tätigkeit hinaus auch den außerdienstlichen Bereich betreffen. Der Maßstab für diese Lebensführungspflichten ist die Glaubwürdigkeit der kirchlichen Verkündigung. Daraus ergeben sich zugleich ein hoher ethischer Anspruch und seine Relativierung. Christliche Verkündigung weiß darum, dass Menschen immer hinter ethischen Ansprüchen zurückbleiben und dass die Verheißung der Gnade dennoch in Kraft bleibt. Der Mensch bleibt Gerechter und Sünder zugleich (*simul iustus et peccator*). Darum mögen Erwartungen an die Lebensführung als Leitbild anspruchsvoll formuliert, aber als sanktionierbare Pflicht nur dort statuiert werden, wo sich ein eindeutiger Widerspruch auftut. Auch ist danach zu differenzieren, ob eine besondere Nähe zum Verkündigungshandeln oder eine besondere Wahrnehmung in der Öffentlichkeit mit einem Amt verbunden ist.

4.3.5.3 Pfarrdienstrecht

Die kirchentypische Berufsgruppe schlechthin stellen die Pfarrer dar.[1] Sie sind in Gemeindepfarrstellen, in besonderen Funktionspfarrstellen oder in

1 Vgl. Charbonnier, Pastoraltheologie (KomPT).

Leitungsfunktionen tätig. Das Pfarrdienstrecht weist mit dem Kirchenbeamtenrecht (→ 4.3.5.2) weitgehende Übereinstimmungen auf, ist aber darüber hinaus durch besondere Anforderungen geprägt. Durch das Pfarrdienstgesetz der EKD vom 10.11.2010 hat es eine einheitliche Regelung erfahren (Hermelink 2012; de Wall 2012).

Besondere Voraussetzungen für die Begründung eines Pfarrdienstverhältnisses sind die Kirchenmitgliedschaft, die persönliche Eignung und eine vorgeschriebene wissenschaftliche und praktische Ausbildung, also in der Regel ein Universitätsstudium und das Vikariat. Der Pfarrdienst beginnt mit einer Probedienstzeit von zwei oder drei Jahren, in denen sich ein Pfarrer auf einer Pfarrstelle bewähren muss, bevor er in ein Dienstverhältnis auf Lebenszeit übernommen wird und ein freies Bewerbungsrecht erhält.

Die Begründung eines Pfarrdienstverhältnisses ist mit der Ordination verbunden, die regelmäßig nur im Zusammenhang mit der Begründung eines Dienstverhältnisses erfolgen soll. Durch die Ordination werden Auftrag und Recht zur öffentlichen Wortverkündigung und Sakramentsverwaltung auf Lebenszeit übertragen (§ 3 Abs. 1 PfDG.EKD). Ordiniert werden kann, wer sich im Glauben an das Evangelium gebunden weiß, am Leben der Gemeinde teilnimmt und nach Persönlichkeit, Befähigung und Ausbildung für das Predigtamt geeignet ist. Mit dem Pfarramt ist nicht nur das Predigtamt verbunden, sondern es kommen spezifische Aufgaben der Kirchen- und Gemeindeleitung hinzu.

Pfarrer werden, zumal wenn sie im Gemeindedienst tätig sind, öffentlich besonders wahrgenommen. Darum ist ihre Lebensführung für die Glaubwürdigkeit der kirchlichen Verkündigung von entscheidender Bedeutung. Vielfältige Erwartungen werden an die Pfarrer herangetragen. Allerdings kann nicht erwartet werden, dass sie all' diesen Erwartungen gerecht werden, denn es handelt sich oft auch um Projektionen von Wunschbildern eines gelingenden, den gegenwärtigen Bedingungen enthobenen Lebens. Gleichwohl sind für Pfarrer besondere Lebensführungspflichten positiviert worden. So besteht insbesondere für Gemeindepfarrer Residenzpflicht, d. h. sie müssen am Dienstsitz wohnen und eine ggf. vorgesehene Dienstwohnung beziehen (§ 38 PfDG.EKD).

Besonders heikel erscheinen die Pflichten im Zusammenhang mit Ehe und Familie (§ 39 PfDG.EKD), zumal keine Handhabe gegenüber den anderen Familienangehörigen besteht, die kirchlichen Erwartungen durchzusetzen. Die Ehepartner von Pfarrern sollen evangelisch sein oder zumindest einer christlichen Kirche angehören. Änderungen in den Familienverhältnissen sind mitzuteilen, um die Auswirkungen auf den Dienst beurteilen zu können. Besonders umstritten war bei der Übernahme des PfDG.EKD die Formulierung von § 39 Abs. 1 S. 1 PfDG.EKD, durch den auch die Möglichkeit von gleichgeschlechtlichen Lebenspartnerschaften vorgesehen werden sollte. Es sollte dadurch allerdings ausdrücklich in der Entscheidung der Landeskirchen bleiben, inwiefern sie dies bei ihren Pfarrern zulassen. Die EKD sah sich hier nicht in der Rolle, in die schwierigen Debatten innerhalb der Landeskirche einzugreifen.

4.3.5.4 Disziplinarrecht

Verletzungen von Amtspflichten werden durch das kirchliche Disziplinarrecht geahndet (Goos 2010). Hierzu hat die EKD das Disziplinargesetz vom 28.10.2009 (DG.EKD) erlassen, weitere landeskirchliche Regelungen treten hinzu. Zweck des Disziplinarrechts ist, das Ansehen der Kirche, die Funktionsfähigkeit ihres Dienstes und eine auftragsgemäße Amtsführung zu sichern (§ 1 DG.EKD).

Die Verfolgung und Bestrafung von Unrechtstaten ist Aufgabe der Staatsanwaltschaften und staatlichen Gerichte, die auch von den Kirchen eingeschaltet werden. Nur der Staat hat das Recht, Freiheits- oder Geldstrafen zu verhängen. Die Kirchen werden von Strafverfahren gegen ihre öffentlich-rechtlich Bediensteten benachrichtigt und nach dem staatlichen Prozessrecht einbezogen, sei es durch Zeugenaussagen, Akteneinsicht oder andere Beweismittel.

Im kirchlichen Disziplinarverfahren wird der Sachverhalt aufgeklärt und eine Sanktion festgesetzt, die von einem Verweis über Geldbuße und Kürzung der Bezüge bis zur Entfernung aus dem Dienst reichen kann (§§ 9–18 DG.EKD). Das Disziplinarverfahren ist durch die oberste Dienstbehörde einzuleiten, wenn der Verdacht einer Amtspflichtverletzung begründet ist (§ 24 DG.EKD). Während eines Disziplinarverfahrens kann in gravierenden Fällen eine vorläufige Dienstenthebung unter Einbehaltung der Bezüge vorgenommen werden.

In einem Ermittlungsverfahren ist der Sachverhalt festzustellen, wobei unterschiedliche Beweismittel zum Zuge kommen können (§§ 31–36 DG.EKD). Der Betroffene ist zu informieren und anzuhören; er kann sich der Hilfe eines Beistands bedienen (§§ 26f. DG.EKD). Nach Abschluss der Ermittlungen entscheidet die Behörde über die Einstellung des Verfahrens, Erlass einer Disziplinarverfügung (mit den Sanktionen Verweis, Geldbuße oder Kürzung der Bezüge) oder Erhebung der Disziplinarklage, wenn weitergehende Sanktionen angebracht erscheinen (§§ 38–41 DG.EKD).

Über Disziplinarklagen entscheiden die Disziplinarkammern, die mit Theologen und Juristen besetzt sind. Gegen ihre Entscheidung ist die Berufung zum Disziplinarhof möglich (§ 68 DG.EKD). Mögliche Sanktionen sind die Zurückstufung, die Amtsenthebung zur Versetzung in eine andere Stelle, den Warte- oder Ruhestand, der Entzug der Rechte aus der Ordination und die Entfernung aus dem Dienst.

Geht es bei den geringeren Maßnahmen darum, dass ein Kirchenbeamter sein Amt trotz eines Vergehens weiter ausüben kann, bedeutet die Entfernung aus dem Dienst, dass er nicht mehr für die Kirche tätig sein darf; er ist für die Kirche untragbar geworden. Das Dienstverhältnis endet, der Beamte verliert seinen Anspruch auf Besoldung und Versorgung. Er wird, wie es die staatlichen Gesetze vorsehen, bei der gesetzlichen Rentenversicherung nachversichert und kann vorübergehend von der Kirche einen Unterhaltsbeitrag erhalten (§§ 81f. DG.EKD). Ein Disziplinarverfahren wird eingestellt, wenn das Dienstverhältnis vorher durch Tod oder Entlassung endet (§ 38 Abs. 2 DG.EKD).

4.3.5.5 Lehrverfahren

Der Dienst von Pfarrern, aber auch anderen kirchlichen Amtsträgern kann dadurch beeinträchtigt werden, dass ihre Äußerungen in einen Widerspruch zu Schrift und Bekenntnis geraten. Für diese Fälle ist ein besonderes Verfahren vorgesehen, weil das Disziplinarrecht für die Behandlung von Lehrdifferenzen nicht geeignet ist. Das Kirchengesetz der VELKD über das Verfahren bei Lehrbeanstandungen sieht beispielsweise ein zweistufiges Verfahren vor.

> »§ 1. (1) Ein Verfahren bei Lehrbeanstandung (Lehrverfahren) findet statt, wenn nachweisbar Tatsachen für die Annahme vorliegen, daß ein ordinierter Geistlicher oder ein sonstiger Inhaber eines kirchlichen Amtes oder Auftrags öffentlich durch Wort oder Schrift in der Darbietung der christlichen Lehre oder in seinem gottesdienstlichen Handeln in entscheidenden Punkten in Widerspruch zum Bekenntnis der evangelisch-lutherischen Kirche tritt und daran beharrlich festhält, und wenn vorausgegangene seelsorgerliche Bemühungen nicht zu einer Behebung der Anstöße geführt haben.«

Auf der ersten Stufe findet ein Lehrgespräch zwischen dem Betroffenen und drei Theologen statt, in dem der Sachverhalt aufgeklärt und ggf. versucht wird, den Betroffenen zu Einsicht in die Bekenntniswidrigkeit seiner

Lehrmeinung zu führen. Auf der Grundlage des Lehrgesprächs kann das Feststellungsverfahren eingeleitet werden, in dem durch ein Kollegium von Theologen und wenigstens einem Juristen festgestellt wird, ob

> »der Betroffene öffentlich durch Wort oder Schrift in der Darbietung der christlichen Lehre oder in seinem gottesdienstlichen Handeln in entscheidenden Punkten in Widerspruch zum Bekenntnis der evangelisch-lutherischen Kirche getreten ist und daß er beharrlich daran festhält« (§ 16 Abs. 1 Lehrbeanstandungsordnung.VELKD).

Wird diese Feststellung getroffen, ist der Betroffene für die Wahrnehmung seines Amtes nicht mehr geeignet. Er verliert alle Rechte aus der Ordination und seinem kirchlichen Amt. Er erhält eine Unterhaltsbeihilfe in Höhe der erworbenen Versorgungsbezüge.

Das Lehrbeanstandungsverfahren markiert einen Grenzfall kirchlicher Ordnung. Es ist sehr anspruchsvoll, weil Fragen der Lehre nicht autoritativ entschieden, sondern nur im Diskurs geklärt werden können. Im 20. Jh. hat es nur sehr wenige Anwendungsfälle gegeben. Dennoch ist es nicht verzichtbar, handelt es sich doch um eine Sicherung dessen, was für das Sein der Kirche konstitutiv ist: die reine Verkündigung des Evangeliums und die einsetzungsgemäße Feier der Sakramente (→ 1.1.2).

4.4 Verfahren

4.4.1 Grundlagen

Das kirchliche Handeln vollzieht sich in einer Fülle von Entscheidungen, für die das Kirchenrecht die verbindliche Ordnung darstellt (→ 1.1.3.2). Erst in diesem Vollzug wird die kirchliche Rechtsordnung wirksam. Entscheidungen »fallen nicht vom Himmel«, sondern werden in einem mehr oder weniger aufwendigen Verfahren hergestellt. Durch Verfahrensrecht wird festgelegt, auf welche Weise Entscheidungen zustande kommen (*Transparenz*). Hierzu muss mindestens geregelt sein, wer eine bestimmte Entscheidung zu treffen und nach welchen Maßstäben dies zu geschehen hat. Auf diese Weise kann die Entscheidung der Rechtsgemeinschaft zugerechnet werden (→ 3.3.1). Das Verfahren sichert so die *Repräsentativität* der Entscheidung.

Im Verfahren kann außerdem die *Partizipation* der Betroffenen gewährleistet werden. Entweder werden sie selbst unmittelbar beteiligt. Oder es wird durch die Zusammensetzung des Entscheidungsgremiums und einen gründlichen Beratungsprozess verdeutlicht, dass nach Möglichkeit allen betroffenen Interessen Rechnung getragen wird. Transparenz und Partizipation tragen dazu bei, dass durch das Verfahren Vertrauen und Akzeptanz der Entscheidung befördert werden. Zumindest aber können Widerstände durch das Verfahren überwunden oder marginalisiert werden (Luhmann 1993, 27–37).

Durch das Verfahren kann schließlich gewährleistet werden, dass »richtige« Entscheidungen insofern getroffen werden, als ihnen *Legitimität* zuerkannt werden kann. An diesem Punkt besteht ein markanter Unterschied zwischen Staat und Kirche. Der Staat ist letztlich der individuellen und kollektiven Selbstbestimmung verpflichtet (Möllers 2008, 57–90). Er bedarf darum für alle seine Entscheidungen demokratischer Legitimation. In der Kirche geht es darum, dass alle Entscheidungen geistlich zu verantworten sind. Darum stellt die Beachtung des »Leitungsdogmas« (→ 3.3.3) den Legitimitätsgrund dar.

Gerade da, wo die materielle Normsetzung nur in geringem Maß stattfindet, kann dieser Mangel durch sorgfältige Gestaltung des Verfahrens kompensiert werden (Wißmann 2016, Rn. 20). Dies gilt insbesondere bei solchen kirchlichen Entscheidungen, die stark situationsabhängig und geistlich bestimmt sind – besonders im Bereich der Amtshandlungen (→ 3.3.4.4; 4.5.2).

Wie in jeder Rechtsordnung können auch im Kirchenrecht die Verfahren der Rechtsgestaltung (→ 4.4.2), -anwendung (→ 4.4.3) und -gewährleistung (→ 4.4.4–5) unterschieden werden.

4.4.2 Rechtsgestaltung

4.4.2.1 Grundlagen

Die Rechtsquellen des Kirchenrechts (→ 3.3.4) gehen – mit Ausnahme des Gewohnheits- und des Richterrechts – auf Rechtsetzungsakte zurück. Durch ihre Rechtsetzung macht die Kirche von ihrem Recht Gebrauch, die eigenen Angelegenheiten selbständig zu ordnen (→ 3.2.3.3). Das Kirchenrecht kann damit auch im allgemeinen Rechtsverkehr wirksam werden.

Das Kirchenrecht dient dazu, der Verständigung über das kirchliche Handeln eine verlässliche Grundlage und eine verlässliche Form zu geben. Dies setzt voraus, dass von den zuständigen Stellen im vorgesehenen Verfahren Entscheidungen über seine Gestaltung getroffen werden und dass diese Entscheidungen formgerecht ausgefertigt und publiziert werden. Das Verfahren ist so zu gestalten, dass es Legitimationswirkung entfalten kann. Es muss dem Gedanken der Repräsentativität und dem »Leitungsdogma« (→ 3.3.3) entsprechen.

Die Repräsentativität kann dadurch hergestellt werden, dass eine Rückbindung an die Verantwortungsgemeinschaft (→ 1.3.3[4]), d. h. an die Untergliederungen und Mitglieder der den Rechtsetzungsakt verantwortenden Partikularkirche hergestellt wird. Dem wird vor allem durch die Zusammensetzung der Synoden, aber auch der Kirchenleitungen, Rechnung getragen (→ 4.2.3–4). Dem Grundsatz des Allgemeinen Priestertums (→ 1.3.1) folgend wird vor allem bei der Bildung der Synoden eine breite Beteiligung angestrebt. Da es dabei aber nicht um demokratische Legitimation geht, braucht die Beteiligung nicht zwingend gleichgewichtig zu erfolgen. Es können weitere Gesichtspunkte, wie z. B. theologische Bildung, Erfahrung oder Verantwortung für ein kirchliches Handlungsfeld, hinzutreten.

Außerdem kommt es darauf an, dem Aspekt der geistlichen Leitung (→ 1.4.2) besonderen Nachdruck zu verleihen. Hierzu gehören insbesondere Vetorechte der episkopalen Amtsträger oder der Angehörigen eines Bekenntnisses innerhalb der Synode. Qualifizierte Minderheiten können so das Zustandekommen eines Gesetzes verhindern oder wenigstens so lange aufhalten, bis die Bekenntnisfragen hinreichend erörtert worden sind. Auf diese Weise kann zumindest vermutet werden, dass die so beschlossenen Gesetze dem kirchlichen Legitimitätskriterium entsprechen.

Der Grundsatz vom Vorbehalt des Gesetzes, durch den im Staat der Vorrang des demokratisch legitimierten Gesetzgebers gesichert werden soll, gilt wegen der anderen Legitimitätsbegründung in der Kirche nicht *per se*, sondern nur dann, wenn dies durch Kirchenverfassungsrecht vorgeschrieben ist. Demzufolge sind an der kirchlichen Rechtsetzung nicht nur die Synoden, sondern auch Kirchenleitungen und Kirchenverwaltungen beteiligt, die dafür nicht notwendigerweise einer einzelfallbezogenen Ermächtigung bedürfen. Außerdem findet kirchliche Rechtsetzung auf den verschiedenen Ebenen der Landeskirchen und der landeskirchlichen Zusammenschlüsse statt.

4.4.2.2 Verfahren

Die Normsetzungsverfahren sind in den Kirchenverfassungen geregelt. *Kirchengesetze* werden durch die Synoden erlassen. Andere Organe können bei der Vorbereitung oder Beschlussfassung zu beteiligen sein. Gesetzgebungsinitiativen können aus der Mitte der Synode, von der Kirchenleitung und ggf. von weiteren Stellen eingebracht werden. Kirchengesetze werden in ein bis drei Lesungen behandelt und meist in Ausschüssen beraten und überarbeitet. Nach dem Gesetzesbeschluss werden sie ausgefertigt und im Amtsblatt veröffentlicht. Es kann außerdem die Zustimmung eines weiteren kirchenleitenden Organs erforderlich sein. Für die Änderung der *Kirchenverfassungen* bestehen besondere Anforderungen. So ist regelmäßig eine qualifizierte Mehrheit erforderlich.

Kirchenleitungen und Kirchenverwaltungen können *Verordnungen* erlassen, wenn sie entweder im Einzelfall dazu durch ein Kirchengesetz ermächtigt worden sind oder weil die Verfassung ihnen ein generelles Verordnungsrecht gibt. Dieses ist allerdings eingeschränkt, wenn zu dem Sachgebiet bereits eine kirchengesetzliche Regelung besteht. Nur im Wege einer *gesetzesvertretenden Verordnung* (Notverordnung) können Kirchenleitungen bestehende Kirchengesetze ändern oder Regelungen erlassen, die sonst der Synode vorbehalten sind. Dies setzt voraus, dass eine Angelegenheit dringlich einer Regelung bedarf, ohne dass die Einberufung der Synode möglich oder verhältnismäßig wäre. Gesetzesvertretende Verordnungen sind der Synode vorzulegen und können von ihr aufgehoben, geändert oder bestätigt werden.

4.4.2.3 Transpartikulare Rechtsetzung

Die landeskirchlichen Zusammenschlüsse (→ 4.2.4) können nicht nur ihre eigenen Angelegenheiten durch Kirchengesetz oder andere Rechtsnormen regeln, sondern auch Regelungen mit Wirkung für die Landeskirchen erlassen. Wegen der Rezeptionsautonomie der Landeskirchen bedarf es dazu einer besonderen Rechtsgrundlage, die auf den Willen der Landeskirchen zurückzuführen ist.

Inwiefern die EKD Gesetze mit Wirkung für die Landeskirche erlassen kann, ist in ihrer Grundordnung nicht durch einen Katalog von Regelungsmaterien festgelegt. Diese Frage wird vielmehr im Einzelfall durch das Verfahren geklärt. Nach Art. 10a GO.EKD kann die EKD solche Kirchengesetze erlassen, wenn das Sachgebiet für alle oder mehrere Gliedkirchen bereits durch Kirchengesetz der EKD geregelt ist oder wenn die Gliedkirchen einer gesamtkirchlichen Regelung zustimmen.

Die Zustimmung zur Regelung eines Sachgebiets durch Kirchengesetz der EKD hat die Konsequenz, dass die Gesetzgebungskompetenz von den Landeskirchen dauerhaft auf die EKD übergeht. Damit können die Landeskirchen zwar die erstmalige Gestaltung des Kirchengesetzes, nicht aber seine künftige Entwicklung kontrollieren. Das hat dazu geführt, dass der Bestand an gemeinsamer Rechtsetzung bis 2002 mit nur drei Gesetzen sehr überschaubar blieb. Am 9.11.2000 ist die Grundordnung der EKD geändert worden (Guntau 2002). Seit 2002 kann in Kirchengesetzen der EKD geregelt werden, dass die Landeskirchen oder ihre Zusammenschlüsse dieses Kirchengesetz später wieder für ihren Bereich außer Kraft setzen und so die Gesetzgebungszuständigkeit wieder an sich ziehen können. Von dieser Regelungsmöglichkeit hat die EKD seither mehrfach Gebrauch gemacht. Auf diese Weise konnte der Bestand an gesamtkirchlicher Rechtsetzung erheblich ausgeweitet werden. Die Kirchengesetze treten mit Wirkung für die Landeskirchen in Kraft, wenn sie selbst oder, sofern die Kompetenz dort liegt, ihr Zusammenschluss (UEK, VELKD) die Zustimmung erklärt hat. Der Rat der EKD stellt den Geltungsbereich durch Verordnung fest.

Die UEK kann nach Art. 6 Abs. 2 GO.UEK durch ihre Vollkonferenz Kirchengesetze mit Wirkung für alle oder mehrere Mitgliedskirchen erlassen, wenn diese zustimmen. Nach Art. 6 Abs. 3 GO.UEK können die Mitgliedskirchen diese Kirchengesetze jederzeit für sich außer Kraft setzen. Die Anwendung dieses Kirchengesetzes beruht darum nicht allein auf mitgliedschaftlicher Bindung, sondern gleichermaßen darauf, dass von der Möglichkeit nach Art. 6 Abs. 3 GO.UEK bislang kein Gebrauch gemacht worden ist.

Die VELKD kann nach Art. 6 Abs. 1 Verf.VELKD mit Wirkung für ihre Gliedkirchen Recht setzen, ohne dass eine Beteiligung der Gliedkirchen am Rechtsetzungsverfahren geregelt ist. In der Praxis ist jedoch stets die Zustimmung der Gliedkirchen eingeholt worden. Außerdem kann die VELKD nach Art. 6 Abs. 2 Verf.VELKD Grundsätze aufstellen, die von den Gliedkirchen in Gesetzgebung und Verwaltung beachtet werden sollen.

4.4.3 Rechtsanwendung

4.4.3.1 Verwaltungsverfahren

Das kirchliche Handeln vollzieht sich in einer Fülle von Einzelentscheidungen und -maßnahmen. Erst in der Anwendung wird eine Rechtsordnung wirksam. Dies geschieht in den Vollzügen der Kirchenleitung und -verwaltung. Die Abgrenzung zwischen Leitung und Verwaltung lässt sich nicht trennscharf durchführen. Während das Leitungshandeln auf Entscheidungen von größerer Allgemeinheit, Bedeutung und Reichweite bezogen ist, geht es beim Verwaltungshandeln typischerweise um konkrete Einzelfälle, die gleichartig in großer Zahl auftreten können. Das Verwaltungshandeln der Kirche findet auf allen Ebenen von der Kirchengemeinde über die Kirchenkreise und Landeskirchen bis zu den landeskirchlichen Zusammenschlüssen statt. In ihrem Handeln kann sich die Kirche privat- und öffentlich-rechtlicher Formen bedienen. In einem distinkteren Sinne ist unter dem Verwaltungshandeln nur das öffentlich-rechtliche zu verstehen. Jede Stelle, die damit befasst ist, kann als Behörde bezeichnet werden.

In der Vergangenheit hat es allenfalls für bestimmte Sachgebiete Regelungen über Zuständigkeit, Verfahren, Form und Maßstäbe des kirchlichen Verwaltungshandelns gegeben. In Praxis und Rechtsprechung hat man sich dann damit geholfen, dass in Analogie zum staatlichen Recht allgemeine Verwaltungsgrundsätze angewendet worden sind. Deren Feststellung und kirchengemäße Anwendung blieb jedoch mit großer Unsicherheit behaftet. Mittlerweile hat die EKD mit dem Verwaltungsverfahrens- und -zustellungsgesetz vom 28.10.2009 eine allgemeine Regelung geschaffen (Guntau 2011). Diese orientiert sich weitgehend am staatlichen Vorbild. Vom Anwendungsbereich ausgenommen sind Fragen der Amtshandlungen, kirchliche Wahlen, Verfahren nach der Abgabenordnung, Visitations- und Lehrbeanstandungsverfahren (§ 1 Abs. 1 VVZG.EKD).

Die Umsetzung des Kirchenrechts durch das Verwaltungshandeln stellt sich nicht als ein automatengleicher Vollzug eines vorgegebenen Normprogramms dar. Die allgemeine Norm und der konkrete Einzelfall müssen im Wege der Entscheidung miteinander vermittelt werden. Dabei kann das Recht den Behörden strikte Vorgaben machen oder einen Entscheidungsspielraum einräumen. So lassen sich Muss-, Soll- und Kann-Bestimmungen unterscheiden. Während Muss-Bestimmungen strikt auszuführen sind, machen Soll-Bestimmungen zwar ebenfalls deutliche Vorgaben, erlauben aber in atypischen Fällen eine Abweichung. Durch eine Kann-Bestimmung räumt das Recht den Behörden einen Ermessensspielraum ein, um ihnen einzelfallgerechte Entscheidungen zu ermöglichen. Dieses Ermessen berechtigt nicht zur Willkür.

> »Ist die Kirchenbehörde ermächtigt, nach ihrem Ermessen zu handeln, hat sie ihr Ermessen entsprechend dem Zweck der Ermächtigung auszuüben und die gesetzlichen Grenzen des Ermessens einzuhalten« (§ 27 VVZG.EKD).

Oftmals wird kirchlichen Stellen jedoch Ermessen eingeräumt, ohne dass sich der Zweck aus der Norm selbst ableiten lässt. Dann ist einerseits besonders sorgfältig auf ein faires Verfahren und die Abwägung aller möglichen Entscheidungsoptionen zu achten. Zum anderen bleibt als Orientierungsrahmen der Legitimationsgrund allen kirchlichen Handelns, also der Auftrag der Kirche, wie er sich aus Schrift und Bekenntnis ergibt. Diese stellen dann den Verständigungshorizont für das im Einzelfall zu verantwortende kirchliche Handeln dar, wie dies auch aus § 32 VVZG.EKD deutlich wird, wonach die evidente Schrift- und Bekenntniswidrigkeit zur Nichtigkeit eines Verwaltungsakts führt.

4.4.3.2 Datenschutz

Der Datenschutz dient dem Recht auf informationelle Selbstbestimmung. Die freie Entfaltung der Persönlichkeit soll nicht dadurch gehemmt werden, dass der Einzelne nicht weiß und nicht beeinflussen kann, was andere über ihn wissen. Andererseits ist eine Kenntnis der Personen für Verwaltung und gesellschaftliche Kommunikation erforderlich. Darum werden durch das Datenschutzrecht die Erhebung und Verarbeitung von Daten an legitime Zwecke gebunden und bestimmten Verfahrensregelungen unterworfen; zudem findet eine besondere Aufsicht statt und die Betroffenen haben Auskunfts-, Berichtigungs- und Löschungsansprüche.

Die Europäische Union hat zur einheitlichen Regelung des Datenschutzes die Datenschutzgrundverordnung (DSGVO) erlassen, der die Datenschutzgesetze des Bundes und der Länder folgen. Für die Kirchen, die schon zuvor ein eigenes Datenschutzrecht hatten, ist in Art. 91 DSGVO eine Öffnungsklausel vorgesehen. Sie dürfen weiterhin ein eigenes Datenschutzrecht haben, wenn sie ihre Regelungen mit der DSGVO in Einklang bringen und ihre Datenschutzaufsicht den Standards der DSGVO entspricht. Die EKD hat daraufhin das Datenschutzgesetz vom 15.11.2017 erlassen, mit dem ein Ausgleich zwischen den allgemeinen Vorgaben und den kirchlichen Besonderheiten angestrebt wird (Ziekow 2018).

4.4.3.3 Siegelwesen

Wie andere juristische Personen handeln die kirchlichen Körperschaften im allgemeinen Rechtsverkehr durch diejenigen, die als Organwalter Vertretungsbefugnis wahrnehmen. Für den Rechtsverkehr ist darum wichtig, erkennen zu können, ob jemand in dieser Funktion für eine juristische Person handelt. Dies kann durch die Eintragung der Vertretungsberechtigten in ein öffentliches Register geschehen, wie dies bei privatrechtlichen Organisationsformen der Fall ist. Als öffentlich-rechtliche Körperschaften unterliegen die Kirchen keiner Registerpflicht, sondern bedienen sich des Siegelwesens, um diesen Nachweis zu dokumentieren.

Nach der Siegelordnung der EKD sind alle öffentlich-rechtlichen Körperschaften siegelberechtigt. Sie führen ein Siegel, in dem durch Siegelbild und -umschrift ein eindeutiger Bezug zu dieser Körperschaft hergestellt wird. Die Siegel werden im Amtsblatt veröffentlicht. Die Siegelführung obliegt den Vertretungsberechtigten der Körperschaft. Sie verwenden jeweils eine Ausfertigung mit einem nur ihnen zugewiesenen Beizeichen. Damit lässt sich jederzeit eine eindeutige Zuordnung nachvollziehen. Andere Personen dürfen das Siegel nicht verwenden. Lediglich das Beidrücken kann auf eine Hilfsperson übertragen werden.

Entgegen einer verbreiteten Ansicht sind die Kirchen nicht generell berechtigt, Urkunden und Kopien zu beglaubigen. Dies dürfen sie, vorbehaltlich besonderer Ermächtigung, nur tun, wenn es sich entweder um kirchliche Urkunden handelt oder die Beglaubigung für den kirchlichen Verwaltungsgebrauch geschieht (Munsonius 2014a).

4.4.4 Rechtsgewährleistung: Aufsicht und Visitation

Die kirchliche Rechtsordnung bildet die Grundlage des gemeinsam zu verantwortenden kirchlichen Handelns. Sie ist darum nicht in das Belieben der einzelnen Akteure gestellt. Das Kirchenrecht sieht verschiedene Instrumente zur Wahrung der Verbindlichkeit und Stabilisierung der kirchlichen Ordnung vor. Dazu gehören zunächst die Aufsicht (→ 4.4.4.1) und die Visitation (→ 4.4.4.2).

4.4.4.1 Aufsicht

Nach Maßgabe des landeskirchlichen Rechts üben die Organe der Landeskirchen und der Kirchenkreise Aufsicht über die kirchlichen Körperschaften aus. Dabei lassen sich drei Zielsetzungen unterscheiden. Neben der Wahrung der kirchlichen Ordnung kommen ihr eine Schutz- und Unterstützungsfunktion zugunsten der beaufsichtigten Rechtsträger und eine Gewährleistungsfunktion in den Bezügen zum staatlichen Recht zu.

(1) Die Vielfalt kirchlicher Arbeitsfelder und die Komplexität der damit verbundenen Entscheidungen haben ein Ausmaß, dem die verschiedenartig zusammengesetzten Organe der kirchlichen Rechtsträger nicht von vornherein mit der erforderlichen Fachkompetenz begegnen können. Dies kann durch die Einschaltung der Aufsicht ausgeglichen werden.

(2) In dem Maß, wie die Kirchen aufgrund staatlicher Befugnisse die Möglichkeit haben, Wirkungen im weltlichen Rechtskreis zu entfalten, die über eine schlichte Teilnahme am Rechtsverkehr hinausgehen, sind die Kirchen verpflichtet, bestimmte rechtliche Standards einzuhalten. Es liegt auf der Hand, dass die meist überwiegend ehrenamtlich besetzten Organe der kirchlichen Rechtsträger bei der Ausübung der besonderen religionsrechtlichen Kompetenzen nicht die Beachtung aller rechtlichen Implikationen gewährleisten können. Darum stehen die Landeskirchen in der Pflicht, durch ihr Aufsichtssystem vorzusorgen.

(3) Die gemeinschaftliche Verwirklichung des kirchlichen Handelns würde beeinträchtigt, wenn einzelne Beteiligte ihre Entscheidungen ohne Rücksicht auf die Belange anderer kirchlicher Akteure durchsetzen könnten. Insofern kommt der kirchlichen Aufsicht Sachwalterfunktion zu. Sie soll gewährleisten, dass die Erfüllung der kirchlichen Aufgaben durch alle Akteure möglichst weitgehend gewährleistet und die kirchliche Gemeinschaft nicht gefährdet wird.

Es steht eine ganze Skala von *Aufsichtsmitteln* zur Verfügung. Zunächst können die Aufsichtsstellen informieren und beraten, damit gute Ergebnisse erzielt werden können. Wenn es um Entscheidungen geht, die komplexer sind und weitreichende Folgen haben, kann durch Genehmigungsvorbehalte gesichert werden, dass Fachleute die Entscheidung überprüfen, bevor sie umgesetzt wird. Wenn es einmal dazu kommt, dass rechtswidrige Beschlüsse gefasst werden, können diese beanstandet und aufgehoben werden. Und wenn ein Gremium nicht willens oder fähig ist, seine Aufgaben zu erledigen, muss die Aufsichtsstelle selbst unmittelbar tätig werden oder jemanden damit beauftragen. Schlimmstenfalls kann Personen ein Amt aberkannt oder ein Gremium aufgelöst werden, wenn davon auszugehen ist, dass dauerhaft keine konstruktive Arbeit mehr zu erwarten ist.

Materiell kann die Aufsicht auf eine reine Rechtskontrolle beschränkt sein oder auf weitere Aspekte wie die Wirtschaftlichkeit oder Zweckmäßigkeit erstreckt werden. Hierzu kann auch die Rechnungsprüfung gezählt werden, durch die eine ordnungsgemäße und wirtschaftliche Mittelverwendung gewährleistet werden soll.

4.4.4.2 Visitation

Der Kirche eigentümlich ist die Visitation als das Verfahren, in dem verschiedene Aufsichtsmittel zur umfassenden Wahrnehmung und Kritik des kirchlichen Lebens gebündelt werden. Sie ist durch Visitationsgesetze oder -ordnungen der Landeskirchen geregelt. Zum einen ist das Augenmerk in der Visitation darauf gerichtet, ob das kirchliche Leben dem entspricht, was sich normativ aus Schrift und Bekenntnis sowie der kirchlichen Ordnung ergibt. Zum anderen dient die Visitation als »geschwisterlicher Besuchsdienst« der Begegnung und gegenseitigen Wahrnehmung von Gesamtkirche und Einzelgemeinde. Diese Wahrnehmung dient außer einer Kritik der einzelnen Verhältnisse auch der Orientierung des kirchenleitenden Handelns. Die Visitation dient so der Verbindung zwischen der einzelnen Gemeinde und dem größeren kirchlichen Zusammenhang.

Die Visitation wird in der Regel durch einen episkopalen Amtsträger (Visitator) und eine Kommission durchgeführt. Diese dient dazu, unterschiedliche Sachkunde und Fachkompetenz zusammenzuführen; sie besteht darum aus Pfarrern, Gemeindemitgliedern und Fachleuten. Die Visitation gliedert sich normalerweise in drei Phasen: Zur Vorbereitung erstellt die zu visitierende Körperschaft einen Bericht, dem meist ein bestimmter Fragenkatalog zugrunde liegt. Die eigentliche Visitation besteht in einem Besuch der Körperschaft. Dabei finden Gespräche mit Amtsträgern, Organen, Mitarbeitern und Gruppen statt, Einrichtungen werden besucht, die Liegenschaften werden besichtigt und Unterlagen geprüft, um einen umfassenden Einblick zu gewinnen. Die Wahrnehmungen werden mit den Betroffenen und Verantwortlichen erörtert. Stets ist auch ein gemeinsamer Gottesdienst und meist eine Gemeindeversammlung Teil der Visitation. Im Anschluss an den Besuch erstellt der Visitator einen Bericht für die Kirchenleitung, zu dem die visitierte Körperschaft Stellung nehmen kann. Außerdem können für die weitere Arbeit der Visitierten Bescheide erteilt, Hinweise gegeben oder Zielvereinbarungen getroffen werden.

4.4.5 Rechtsgewährleistung: Gerichtsbarkeit

Die Gewährleistung der kirchlichen Ordnung findet schließlich auch durch die Gerichtsbarkeit statt. Dabei ist zwischen der kirchlichen (→ 4.4.5.1) und staatlichen (→ 4.4.5.2) Gerichtsbarkeit zu unterscheiden.

4.4.5.1 Kirchliche Gerichtsbarkeit

Die kirchliche Gerichtsbarkeit findet ihre Grundlage bereits darin, dass sich die Kirche eine Rechtsordnung gibt. Denn dem Recht ist immanent, dass es rechtlich geordnete Verfahren zu seiner Durchsetzung gibt (→ 3.1.1). Die Einrichtung einer Gerichtsbarkeit dient der tatsächlichen Durchsetzung einer Rechtsordnung. So haben die Landeskirchen und die EKD eine eigene kirchliche Gerichtsbarkeit eingerichtet und Kirchengerichtsgesetze erlassen. Funktion der Kirchengerichte ist die Bewährung der kirchlichen Ordnung im Fall von Rechtsverletzungen oder Meinungsverschiedenheiten zwischen kirchlichen Organen.

Die Aufgabe der Kirchengerichte besteht darin, über die Auslegung und Anwendung des Kirchenrechts zu entscheiden, also festzustellen, ob ein bestimmtes kirchliches Handeln im Einklang mit dem Kirchenrecht ist. Es geht um einen methodisch kontrollierten Rechtsentscheid. Darum sind Lehrfragen nicht unmittelbar Gegenstand des gerichtlichen Verfahrens, sondern können allenfalls mittelbar bei der Auslegung des Kirchenrechts eine Rolle spielen. In den Ordnungen ist verschiedentlich die Festlegung zu finden, dass die Richter bei ihrer Entscheidung sowohl an Recht und Gesetz als auch an Schrift und Bekenntnis gebunden sind. Damit ist das dem Kirchenrecht eigentümliche Verpflichtungsprogramm beschrieben (Munsonius 2011a).

Kirchengerichte werden nur tätig, wenn sie von dazu befugten Personen angerufen werden. Die Zuweisung subjektiver Rechte (→ 3.3.2.3) bewirkt, dass Einzelpersonen die Befugnis haben, die Einhaltung von Normen im Wege von rechtlich geordneten Verfahren durchzusetzen. Über die Geltendmachung im Rechtsverkehr, im Verwaltungsverfahren oder durch Anträge und Petitionen hinaus gibt es im Konfliktfall die Möglichkeit, durch Gerichtsverfahren Rechte geltend zu machen und durch eine auch für die andere Partei verbindliche Rechtsentscheidung sanktionieren zu lassen.

Die Landeskirchen und ihre Zusammenschlüsse haben für Streitigkeiten aus dem kirchlichen Arbeitsrecht, Disziplinarsachen (→ 4.3.5.4) und Lehrbeanstandungsverfahren (→ 4.3.5.5) eigenständige Gerichte und Spruchkörper ausgebildet. Daneben gibt es die allgemeine Verwaltungsgerichtsbarkeit und für einige Landeskirchen, die EKD und die VELKD eine Verfassungsgerichtsbarkeit. Die Gerichte sind entweder bei den einzelnen Landeskirchen oder bei den Zusammenschlüssen eingerichtet, wobei die Gerichte der Zusammenschlüsse auch für Verfahren aus den Landeskirchen zuständig sein können. Außer in der Verfassungsgerichtsbarkeit ist meist gegen die Entscheidung des erstinstanzlichen Gerichts die Anrufung einer zweiten Instanz möglich.

Die Spruchkörper sind als Kammern oder Senate ausgebildet, in denen Juristen mit der Befähigung zum Richteramt mit ordinierten Theologen und ggf. weiteren Beisitzern zusammenwirken. Die Mitglieder der Gerichte werden von den Synoden gewählt oder anderen Organen der Kirchenleitung ernannt. Sie müssen, wie auch die Prozessvertreter der Parteien, Mitglied der evangelischen Kirche sein; nach einigen Ordnungen genügt es auch, wenn sie einer Kirche der Arbeitsgemeinschaft christlicher Kirchen angehören. Das Verfahren orientiert sich weitgehend am staatlichen Vorbild. Besondere kirchliche Elemente sind Schriftlesung und Gebet, die in einigen Ordnungen vorgeschrieben sind. Auch liegt ein besonderes Augenmerk auf der Vermittlung zu einer gütlichen Einigung.

4.4.5.2 Staatliche Gerichtsbarkeit

Neben den kirchlichen sind auch staatliche Gerichte in kirchlichen Angelegenheiten zuständig (Kästner 1991). So wird z. B. von staatlichen Arbeitsgerichten entschieden, ob die Kündigung eines kirchlichen Arbeitsverhältnisses im Einklang mit staatlichem und kirchlichem Recht ist. Dass staatliche Gerichte tätig werden, ergibt sich aus dem Gewaltmonopol des Staates und seiner korrespondierenden Justizgewährleistungspflicht. Als *Garant der Rechtsordnung* muss er dafür sorgen, dass dieser in geordneten Verfahren zur Wirksamkeit verholfen wird. In kirchlichen Angelegenheiten sind dabei zwei Schutzrichtungen zu unterscheiden. Zum einen hat der Staat dem Kirchenrecht als Manifestation des Selbstbestimmungsrechts der Kirchen (→ 3.2.3.3) zur Durchsetzung zu verhelfen. Zum anderen hat er über die Einhaltung der dem Selbstbestimmungsrecht gezogenen Schranken durch das »für alle geltende Gesetz« zu wachen (→ 3.2.3.3). Sofern also das Kirchenrecht Wirkungen im allgemeinen Rechtsleben entfaltet, kann dies Gegenstand eines staatlichen Gerichtsverfahrens sein. Einschränkungen ergeben sich allein für rein innerkirchliche (z. B. liturgische) Fragen ohne jede Außenwirkung.

Im Verfahren ist sowohl dem staatlichen Souveränitätsanspruch wie auch dem kirchlichen Selbstbestimmungsrecht Rechnung zu tragen. Das kirchliche Selbstbestimmungsrecht führt nicht zum Ausschluss staatlicher Gerichtsbarkeit, sondern ist bei der materiell-rechtlichen Prüfung in der Sache zu berücksichtigen (Magen 2002). Der *kirchlichen* Gerichtsbarkeit kommt dann die Funktion zu, im Einzelfall die kirchengemäße Klärung eines Rechtsstreits zu betreiben und für das staatliche Gericht in nachvollziehbarer Weise zum Ausdruck zu bringen, was sich auf der Grundlage des kirchlichen Selbstbestimmungsrechts in diesem Fall ergibt. Das staatliche

Gericht hat dann das notwendige Material, um nicht eigene Wertungen in religionsspezifischen Fragen vornehmen und so das Neutralitätsprinzip verletzen zu müssen (→ 3.2.3.1).

4.5 Konstitutiva

Zu den für die Kirche eigentümlichen Vollzügen (→ 1.2.1) gehören vor allem Gottesdienst (→ 4.5.1), Amtshandlungen (→ 4.5.2) und Seelsorge (→ 4.5.3). Die Regelungen hierzu sind vor allem in Lebensordnungen (→ 3.3.4.4) zu finden.

4.5.1 Gottesdienst

4.5.1.1 Gottesdienstrecht

Dem Gottesdienst als rituelle Feier kommt für das Leben der Kirche entscheidende Bedeutung zu.[2] In den reformatorischen Bekenntnissen werden Evangeliumsverkündigung und Sakramentsfeier als diejenigen Vollzüge bezeichnet, durch welche die Kirche konstituiert wird (CA 7). Der zentrale Ort dieser Vollzüge ist der Gottesdienst. Auch in der gegenwärtigen Theologie wird der »Kommunikation des Evangeliums« eine zentrale Funktion zugewiesen. Neuere Erkenntnisse der Symbol-, Ritual- und Performanztheorie plausibilisieren darüber hinaus die Bedeutung, die einer rituellen Feier mit unterschiedlichen Elementen für das Leben einer Glaubensgemeinschaft zukommt.

In der evangelischen Kirche ist das Recht, über die Gestalt des Gottesdienstes zu entscheiden (*ius liturgicum*), nicht an einer Stelle monopolisiert. Es greifen vielmehr vielfältige Zuständigkeiten ineinander: Die äußeren Voraussetzungen und die Gestaltung von Gottesdiensten richten sich nach den in der Landeskirche geltenden Bestimmungen über die Aufgaben von Pfarrern und Kirchenmusikern sowie die Zuständigkeit von Kirchenvorständen; sie ergeben sich weiter aus den Lebensordnungen der Landeskirchen oder der gliedkirchlichen Zusammenschlüsse, aus Gottesdienstbuch und Agenden und nicht zuletzt aus bestehenden örtlichen und regionalen Traditionen. Die kirchenrechtlichen Regelungen zum Gottesdienst sollen

2 Vgl. Conrad, Homiletik (KomPT); Neijenhuis, Liturgik (KomPT).

das notwendige Maß an Verlässlichkeit begründen und ein lebendiges Gottesdienstgeschehen ermöglichen.

Die Landeskirchen entscheiden – meist durch Synodenbeschluss oder Kirchengesetz – über die Einführung von Agenden. Innerhalb des so gesteckten Rahmens können die Kirchengemeinden ihre Gottesdienstordnung festlegen. Veränderungen der Gottesdienstordnung bedürfen regelmäßig des Einvernehmens zwischen Pfarrern und Kirchenvorstand sowie einer kirchenaufsichtlichen Genehmigung. Mit der Einführung des Evangelischen Gottesdienstbuchs 1999 haben die EKU und die VELKD eine gemeinsame Grundlage für die Gottesdienstgestaltung geschaffen, die den Gemeinden ihrer Gliedkirchen innerhalb einer festen Grundstruktur vielfältige Variationsmöglichkeiten bietet. Durch die »Ordnung gottesdienstlicher Lieder und Texte« (2017) erhält jeder Sonn- und Feiertag im Zyklus des Kirchenjahres sein spezifisches Gepräge.

4.5.1.2 Zuständigkeiten

Für das Gottesdienstrecht sind verschiedene Stellen zuständig. Den Kirchenvorstand trifft in aller Regel die Verantwortung für die Rahmenfestlegungen, d. h. die Bestimmung über Zeit und Ort der gemeindlichen Gottesdienste. Die Lebensordnungen gehen davon aus, dass in allen Gemeinden regelmäßig an Sonn- und Feiertagen Gottesdienste gefeiert werden. Deren inhaltliche Gestaltung obliegt Pfarrern und Kirchenmusikern. Außer den Pfarrern können auch Prädikanten und Lektoren nach Maßgabe der einschlägigen Kirchengesetze mit der Leitung von Gottesdiensten betraut werden. Sie alle sind durch ihren Auftrag zu jeweils eigenverantwortlicher Gestaltung und konstruktiver Zusammenarbeit verpflichtet. In ihrem Dienst sind sie an die geltende Gottesdienstordnung gebunden. Weitere Gemeindeglieder können im Ablauf des Gottesdienstes beteiligt werden. Die Herrichtung des Raumes gehört zum Küsterdienst.

Den Gemeindepfarrern steht kraft Herkommens oder kirchengesetzlicher Regelung das *Kanzelrecht* in ihrer Gemeinde zu (von Tiling 1995). Damit ist die Befugnis gemeint, selbst Gottesdienste zu halten und zu bestimmen, wer sonst dort Gottesdienste halten darf. Daneben besteht regelmäßig ein Kanzelrecht derjenigen, die bischöfliche Funktionen wahrnehmen, wie Superintendenten und (Regional-)Bischöfe. Diese können in allen Gemeinden ihres Zuständigkeitsbereichs Gottesdienst halten, ohne von der Zustimmung der Gemeindepfarrer abhängig zu sein.

Die Aufgaben, der Status und die Kompetenzen der *Kirchenmusiker* werden meist in besonderen Kirchenmusikgesetzen geregelt. Darin finden sich auch - unterschiedlich gelungene - Kompetenzabgrenzungen zwischen Pfarrern und Kirchenmusikern, deren Zusammenwirken für das Gelingen von Gottesdiensten entscheidende Bedeutung hat. Allerdings wird auch deutlich, dass etwa bestehende Kommunikationsprobleme nur unvollkommen mit dem Mittel des Rechts gelöst werden können, zumal sich aus der Sache heraus eine eindeutige Kompetenzzuweisung und Vorrangregelung kaum aufstellen lässt.

An dem Ineinandergreifen von landeskirchlicher, kirchengemeindlicher und individueller Zuständigkeit der Amtsträger wird deutlich, dass jeder Gottesdienst zugleich ein Geschehen der versammelten Gemeinde und der ganzen Kirche ist. Darum steht auch niemandem allein das *ius liturgicum* zu.

4.5.1.3 Abendmahl

Für die Feier des Abendmahls gilt nach den Lebensordnungen eine besonders betonte Bindung an die liturgische Form und die festgelegte Fassung der Einsetzungsworte. Die Leitung der Abendmahlsfeier ist den dazu ordinierten oder besonders beauftragten Personen vorbehalten. An der Austeilung können auch andere Gemeindeglieder mitwirken.

Zum Abendmahl sind alle getauften Kirchenglieder eingeladen, die konfirmiert, als Erwachsene getauft oder sonst zum Abendmahl zugelassen worden sind. Für Kinder und Jugendliche besteht im Rahmen des Konfirmandenunterrichts oder in Begleitung von Erwachsenen die Möglichkeit teilzunehmen, wenn sie in der Lage sind, in altersgemäßer Weise die Bedeutung des Abendmahls zu verstehen. Angehörige anderer Kirchen sind ebenfalls eingeladen, wenn Kirchengemeinschaft wie im Lutherischen Weltbund oder der Gemeinschaft evangelischer Kirchen in Europa oder wenn eucharistische Gastbereitschaft besteht, wie dies z. B. mit der Altkatholischen Kirche und der Anglikanischen Kirche der Fall ist.

Wer aus der Kirche austritt, ist nach einigen Ordnungen nicht mehr zum Abendmahl zugelassen, weil er zum Ausdruck bringt, dass er die Gemeinschaft in der Kirche ablehnt. Auch kann im Wege der Kirchenzucht vom Abendmahl ausgeschlossen werden, wer seine Pflichten als Kirchenglied grob verletzt, also Ärgernis bereitet und das Evangelium verächtlich macht (→ 4.3.3.3).

4.5.2 Amtshandlungen

4.5.2.1 Funktion, Zuständigkeit

Amtshandlungen (Kasualien) sind gottesdienstliche Handlungen, die durch eine bestimmte Situation im je individuellen Lebenslauf (*casus*) veranlasst werden (Albrecht 2006; Fechtner 2011).[3] Dabei sind vielfältige Konstellationen denkbar. Als klassische Amtshandlungen können Taufe, Konfirmation, Trauung und Bestattung angesehen werden. Diese werden nach den Kirchenbuchordnungen im Kirchenbuch dokumentiert. Das Kirchenbuch hatte bis zur Einführung der staatlichen Personenstandsbücher neben der kirchlichen auch eine staatliche Dokumentationsfunktion. Weitere Anlässe für besondere Gottesdienste können die Einschulung, der Abschluss einer Ausbildung, Konfirmations- und Ehejubiläen sein. Amtshandlungen, die durch bestimmte Vorgänge im kirchlichen Leben ausgelöst werden, sind Ordination, Einführung in eine Stelle und Einweihungshandlungen.

Für die Amtshandlungen ist in der Regel der Pfarrer der Gemeinde zuständig, der das betroffene Gemeindeglied angehört. Soll die Amtshandlung in einer anderen Kirche vollzogen werden, bedarf es der Zustimmung desjenigen, der dort das Kanzelrecht innehat (*Zessio*). Soll sie von einem anderen Pfarrer durchgeführt werden, ist eine Abmeldung bei der zuständigen Gemeinde erforderlich (*Dimissoriale*). Zessio und Dimissoriale haben ihren Ursprung in der Zeit, als über die Gebühren für Amtshandlungen der Unterhalt der Pfarrer finanziert wurde. Heute dienen sie der Wohlordnung zwischen den verschiedenen Amtsträgern, um Zuständigkeitskonflikte zu vermeiden.

Will ein Pfarrer die Vornahme einer Amtshandlung ablehnen, ist in der Regel die Beteiligung des Kirchenvorstands erforderlich. Nach den Leitlinien der VELKD geschieht dies konsultativ, nach der Lebensordnung der EKU dezisiv. Wird die Amtshandlung abgelehnt, ist eine Beschwerde bei der dienstvorgesetzten Stelle möglich. Der Rechtsweg zu den Kirchengerichten ist nur in einigen Kirchen eröffnet, in anderen ausdrücklich ausgeschlossen.

4.5.2.2 Taufe

Die Taufe ist diejenige kirchliche Handlung, mit der besonders weitreichende Wirkungen verbunden sind. Das gilt zunächst für die jeweilige Partiku-

3 Vgl. Mulia, Kasualien (KomPT).

larkirche, denn mit der Taufe wird die Kirchenmitgliedschaft erworben (→ 4.3.2). Sie ist damit Grundlage für die weitergehende Einbeziehung in das kirchliche Handeln. Ökumenisch gibt es eine breite Verständigung darüber, wann eine Taufe wirksam vollzogen ist. Sie wird darum bei einer großen Zahl von Kirchen gegenseitig anerkannt.

Die Taufe wird auf Wunsch des Täuflings bzw. seiner Sorgeberechtigten vollzogen. Weil durch die Taufe Kirchenmitgliedschaft begründet wird, ist das staatliche Recht über die religiöse Kindererziehung zu beachten (→ 4.3.2.1). Findet eine Taufe ohne die nötige Einwilligung der Sorgeberechtigten statt, ist sie zwar gültig vollzogen. Aber es entsteht nur eine schwebend unwirksame Kirchenmitgliedschaft, die erst dann zur Vollmitgliedschaft erstarkt, wenn die notwendige Einwilligung später erklärt wird.

Der Taufe geht eine Vorbereitung voraus, die im Falle der Kindertaufe in einem Taufgespräch besteht, später durch den Konfirmandenunterricht oder ein Katechumenat erfolgt. Die Taufe kann abgelehnt werden, wenn die Taufvorbereitung verweigert wird, die Eltern die evangelische Erziehung des Kindes ablehnen oder bei mangelnder Ernsthaftigkeit des Taufwunsches.

Den Taufpaten kommt eine doppelte Funktion zu: Zum einen sind sie Zeugen des Taufvorganges. Zum anderen übernehmen sie Verantwortung für den weiteren Lebensweg des Täuflings, bei Kindern für die Erziehung im christlichen Glauben. Darum sollen Taufpaten Kirchenmitglieder sein, die selbst zum Abendmahl zugelassen sind. Daneben können auch Mitglieder anderer Kirchen, die der Arbeitsgemeinschaft christlicher Kirchen angehören, Paten werden. Die nachträgliche Tilgung von Paten aus dem Taufbuch ist nicht möglich, weil dieses den Vorgang so dokumentiert, wie er stattgefunden hat, und die Zeugenfunktion nicht aufgehoben werden kann.

4.5.2.3 Konfirmation

Die Konfirmation ist ein der evangelischen Kirche eigentümlicher Ritus, in dem verschiedene Aspekte zusammenkommen. Zum einen stellt er eine Tauferinnerung dar, auf die die Konfirmanden mit einem Bekenntnisakt reagieren. Weiterhin werden die Konfirmanden gesegnet und zur selbständigen Teilnahme am Abendmahl zugelassen. An die damit verbundene Feststellung der Mündigkeit wird die Berechtigung geknüpft, kirchliche Ämter wie das Patenamt oder das eines Kirchenvorstehers (→ 4.3.3.2) zu übernehmen, wobei zusätzlich auf bestehende Altersgrenzen zu achten ist.

Die Konfirmation findet zwischen dem 14. und 16. Lebensjahr nach einer Zeit der Unterweisung (Konfirmandenunterricht) statt. Die Konfirmation setzt die Taufe voraus, die auch noch im Konfirmationsgottesdienst vollzogen werden kann. Wenn ein Pfarrer Bedenken hat, ob ein Jugendlicher die Voraussetzungen für die Konfirmation erfüllt, kann dieser nach Anhörung der Betroffenen und Beteiligung des Kirchenvorstandes von der Konfirmation zurückgestellt werden.

4.5.2.4 Trauung

Die kirchliche Trauung ist ein Gottesdienst aus Anlass der Eheschließung. Diese findet nach staatlichem Recht statt. Nach staatlichem Verständnis ist die Ehe eine unlösbare, lebenslange Verbindung zwischen zwei Menschen verschiedenen oder gleichen Geschlechts. Die Ehe wird vor dem Standesbeamten geschlossen (§ 1310 BGB) und geht der kirchlichen Trauung voraus. Das kirchliche Eheverständnis kann vom staatlichen abweichen und daran festhalten, dass die Ehe die Verbindung zwischen einem Mann und einer Frau ist. Das staatliche Recht lässt auch Trauungen ohne standesamtliche Eheschließung zu, die dann aber ohne Auswirkungen auf den bürgerlichen Personenstand sind.

Die Trauung setzt voraus, dass die Eheleute einer christlichen Kirche angehören und wenigstens einer Mitglied der evangelischen Kirche ist. Wenn der Partner keiner christlichen Kirche angehört, kann gleichwohl ein Gottesdienst gefeiert werden, in dem auf die besondere Situation Rücksicht genommen wird.

In der römisch-katholischen Kirche stellt die Ehe ein Sakrament dar, das sich die Eheleute in Gegenwart eines Priesters gegenseitig spenden. Die weltliche Eheschließung vor dem Standesbeamten hat dort nur untergeordnete Bedeutung. Wegen des unterschiedlichen Eheverständnisses ist keine ökumenische Trauung, sondern nur die Trauung nach dem Ritus einer der Kirchen unter Beteiligung eines Pfarrers der anderen Kirche möglich.

4.5.2.5 Bestattung

Die kirchliche Bestattung unterscheidet sich von den anderen Amtshandlungen dadurch, dass diese nicht nur an dem Verstorbenen, sondern in besonderem Maße auch für die Trauernden vollzogen wird. Grundsätzlich werden nur Kirchenmitglieder bestattet. Wegen der seelsorgerlichen Funktion für die Hinterbliebenen kann im Ausnahmefall auch eine Bestattung stattfinden, wenn der Verstorbene einer anderen Kirche oder Religionsgemeinschaft oder keiner Kirche angehört hat. Dies setzt zunächst voraus, dass die Angehörigen den Wunsch nach einer kirchlichen Bestattung geäußert haben und dies aus seelsorgerlichen Gründen geboten erscheint. Weiter darf das Verhältnis des Verstorbenen zur Kirche der kirchlichen Bestattung nicht entgegenstehen. Gegen den ausdrücklichen Willen des Verstorbenen darf keine Bestattung vorgenommen werden. Dieser Wille ist zu vermuten, wenn er aus der Kirche ausgetreten ist. Schließlich muss die Entscheidung auch vor der Gemeinde verantwortet werden können.

4.5.2.6 Etablierung neuer Amtshandlungen?

Die Amtshandlungen folgen keiner einheitlichen Systematik, sondern knüpfen an bestimmte prägnante Situationen in der Lebensgeschichte von Menschen an. Sie sind historisch gewachsen. Prägend ist, dass hier ein gottesdienstlicher Vollzug mit einem starken Bezug auf individuelle Situationen stattfindet und zumeist eine seelsorgerliche Begleitung damit einhergeht. Situationen, in denen sich Lebensgeschichten verdichten und eine kirchliche Begleitung durch Seelsorge und Ritus angebracht ist, lassen sich über die bereits etablierten Kasualien hinaus denken. In der Praktischen Theologie werden dazu verschiedene Vorschläge gemacht. Besonders wird dies in den letzten Jahren im Hinblick auf die Segnung oder Trauung gleichgeschlechtlicher Paare diskutiert.

Kirchenrechtlich ist danach zu fragen, wer über die Etablierung neuer Formen gottesdienstlicher Begleitung zu entscheiden hat. Auch hier geht es um die Verständigung über kirchliches Handeln und die Wahrnehmung des *ius liturgicum*. Damit ist diese Entscheidung nicht einer Stelle allein aufgegeben, sondern erfordert einen breiten Abstimmungsprozess. Dabei ist – dem Vorgehen in den Lebensordnungen entsprechend – nach einer realistischen Wahrnehmung der Situation und nach biblisch-theologischer Orientierung zu suchen, ehe es zu Regelungen kommt. Eine Möglichkeit, widerstreitenden Beurteilungen Rechnung zu tragen, besteht darin, Neuerungen prinzipiell zu ermöglichen, ohne Gemeinden und Pfarrer zur Durchführung zu verpflichten.

4.5.3 Seelsorge

4.5.3.1 Seelsorge und Seelsorger

Seelsorge ist ein außerordentlich vielgestaltiges Feld kirchlicher Tätigkeit. Sie findet an unterschiedlichen Orten, in unterschiedlichen Formen und mit unterschiedlichen Personen statt.[4] Sie gehört zu den originären Aufgaben aller Pfarrer. Sie wird aber auch von weiteren Personen ausgeübt, die dazu haupt-, neben- oder ehrenamtlich bestellt worden sind. Sie ist aufgrund des Allgemeinen Priestertums (→ 1.3.1) aber letztlich allen Christen aufgegeben. Sie findet im Rahmen der kirchengemeindlichen Arbeit ebenso statt, wie in Altenheimen, Krankenhäusern, Schulen, Gefängnissen und vergleichbaren Einrichtungen. Es gibt sie als Telefon- oder Chatseelsorge sowie als Militär-, Polizei- und Notfallseelsorge. Durch diese Ausdifferenzierung versucht die Kirche, Seelsorge für alle, die sie suchen, möglichst leicht erreichbar zu machen und sich vor allem auf besonders konflikt- und krisenträchtige Konstellationen einzustellen.

Seelsorge ist zudem ein besonders sensibles Feld kirchlicher Tätigkeit. In ihr kommt zur Sprache, was Menschen besonders angeht und bewegt. Sie setzt Vertrauen und Verschwiegenheit voraus. Darum kommt der Wahrung des Seelsorgegeheimnisses große Bedeutung zu (→ 4.5.3.2). Dazu ist es allerdings erforderlich festzustellen, ob es sich bei einem bestimmten Vorgang tatsächlich um Seelsorge handelt. Seelsorge kann rechtlich nur geschützt werden, wenn sie klar von anderem Handeln unterschieden werden kann. Auf der anderen Seite macht ihre Vielgestaltigkeit eine Definition dessen, was Seelsorge ist, besonders schwierig. Die EKD hat dazu das Seelsorgegeheimnisgesetz vom 28.10.2009 erlassen. § 2 Abs. 1 SeelGG.EKD regelt dazu:

> »Seelsorge im Sinne dieses Gesetzes ist aus dem christlichen Glauben motivierte und im Bewusstsein der Gegenwart Gottes vollzogene Zuwendung. Sie gilt dem einzelnen Menschen, der Rat, Beistand und Trost in Lebens- und Glaubensfragen in Anspruch nimmt, unabhängig von dessen Religions- bzw. Konfessionszugehörigkeit.«

In den weiteren Bestimmungen werden vor allem ein kirchlicher Auftrag und die notwendige Ausbildung sowie Modalitäten der Seelsorge behandelt, die ihrem Schutz dienen. Je mehr es auf den Schutz der Seelsorge ankommt, desto stärker sollten die Beteiligten darauf achten, Situation und Rollen zu klären und das Seelsorgegeheimnis zu wahren.

---

4 Vgl. Schult, Seelsorge (KomPT).

4.5.3.2 Seelsorgegeheimnis

Das Seelsorgegeheimnis wird durch kirchliches und staatliches Recht besonders geschützt. In der evangelischen wie in der römisch-katholischen Kirche unterliegt alles, was Seelsorger im Rahmen der Seelsorge oder Beichte erfahren, einem strikten Geheimhaltungsgebot. Insbesondere das Beichtgeheimnis ist unverbrüchlich zu wahren; dies gilt auch dann, wenn der Beichtende mit der Weitergabe von Inhalten des Beichtgesprächs einverstanden ist. Denn das Beichtgeheimnis schützt nicht nur die beteiligten Personen, sondern auch die Beichte als Institution: Jeder soll sich auf den Schutzraum der Beichte unbedingt verlassen können. Die Verletzung des Beicht- und Seelsorgegeheimnisses durch Pfarrer stellt eine schwerwiegende Amtspflichtverletzung dar (→ 4.3.5.4). Die Kirche erwartet von ihren Seelsorgern, dass sie nötigenfalls auch bereit sind, nachteilige Konsequenzen zum Schutz des Beicht- und Seelsorgegeheimnisses hinzunehmen.

Im staatlichen Recht wird die Seelsorge durch die Religionsfreiheit und das kirchliche Selbstbestimmungsrecht geschützt (→ 3.2.3.2–3). Das Beicht- und Seelsorgegeheimnis dient außerdem dem Schutz der Menschenwürde. Das Bundesverfassungsgericht hat im Zusammenhang der akustischen Wohnraumüberwachung dazu ausgeführt:

> »Zur Entfaltung der Persönlichkeit im Kernbereich privater Lebensgestaltung gehört die Möglichkeit, innere Vorgänge wie Empfindungen und Gefühle sowie Überlegungen, Ansichten und Erlebnisse höchstpersönlicher Art zum Ausdruck zu bringen, und zwar ohne Angst, dass staatliche Stellen dies überwachen. Vom Schutz umfasst sind auch Gefühlsäußerungen, Äußerungen des unbewussten Erlebens sowie Ausdrucksformen der Sexualität. Die Möglichkeit entsprechender Entfaltung setzt voraus, dass der Einzelne über einen dafür geeigneten Freiraum verfügt« (BVerfGE 109, 279 [313]).

Auf der anderen Seite hat der Staat ein berechtigtes Interesse, Informationen zu erheben, wenn dies zur Gefahrenabwehr oder in Gerichtsprozessen erforderlich ist. Darum besteht grundsätzlich die Pflicht, Behörden und Gerichten Auskünfte zu erteilen.

Zum Schutz des Beicht- und Seelsorgegeheimnisses ist in § 53 Abs. 1 Nr. 1 StPO und vergleichbaren Regelungen das Recht normiert, dass Geistliche über das, was ihnen als Seelsorger anvertraut worden ist, die Aussage verweigern können. Dieses Recht können nur diejenigen in Anspruch nehmen, die von ihrer Kirche als »Geistliche« in besonderer Weise mit der Seelsorge beauftragt sind und einer entsprechenden Aufsicht unterliegen. Andere Christenmenschen sind zwar berufen, Seelsorge zu üben, können sich aber nicht auf diesen staatlichen Schutz des Seelsorgegeheimnisses stützen.

4.5.3.3 Anstaltsseelsorge

Seelsorge erweist sich als besonders nötig und schwierig, wenn sich Menschen in Sondersituationen befinden, die mit gewissen Freiheitseinschränkungen verbunden sind. Dies gilt vor allem in Krankenhäusern, Gefängnissen und beim Militär. Weder können die Betroffenen diese Einrichtungen (Anstalten) ohne weiteres verlassen, noch können Seelsorger einfach zu ihnen kommen. Art. 140 GG i. V. m. Art. 141 WRV trifft dazu folgende Regelung:

> »Soweit das Bedürfnis nach Gottesdienst und Seelsorge im Heer, in Krankenhäusern, Strafanstalten und sonstige öffentlichen Anstalten besteht, sind die Religionsgesellschaften zur Vornahme religiöser Handlungen zuzulassen, wobei jeder Zwang fernzuhalten ist.«

Bei der Anstaltsseelsorge handelt es sich um eine »gemeinsame Angelegenheit« (→ 3.2.3.1), denn das Bedürfnis nach Seelsorge und der staatliche Anstaltszweck müssen gleichermaßen verwirklicht werden. Darum bestehen vielfältige weitere gesetzliche und vor allem vertragliche Regelungen darüber, wie die Seelsorger Zugang zu den Einrichtungen bekommen und in die Anstaltsorganisation eingebettet werden. Die Seelsorger stehen immer in einer doppelten Verantwortlichkeit gegenüber Kirche und Staat. Dies kann so weit gehen, dass sie in ein staatliches Dienstverhältnis eintreten, wie dies z. B. im Militärseelsorgevertrag zwischen der EKD und der Bundesrepublik vorgesehen ist. Die Kosten der Anstaltsseelsorge werden von Kirche und Staat in unterschiedlicher Weise gemeinsam getragen. Da der Mehraufwand für die Seelsorge zu erheblichen Teilen vom Staat veranlasst ist, bestehen hiergegen auch keine verfassungsrechtlichen Bedenken. Selbst Staaten wie Frankreich, die dem Modell der Laizität folgen (→ 3.2.1[5]), kennen eine staatlich finanzierte Militärseelsorge.

4.6 Vitalia

Mit Bildungsarbeit, Diakonie und der Wahrnehmung ihres Öffentlichkeitsauftrages bewegen sich die Kirchen auf Aufgabenfeldern, die in allgemeiner Wahrnehmung nicht notwendigerweise religiös bestimmt sind und auch von etlichen anderen Akteuren wahrgenommen werden. Darum sind diese Arbeitsfelder zumeist stärker als durch das Kirchenrecht durch Vorschriften des staatlichen Rechts, insbesondere des Sozialgesetzbuches, bestimmt.

Die freiheitliche Verfassungsordnung der Bundesrepublik Deutschland bietet den Religions- und Weltanschauungsgemeinschaften – wie anderen gesellschaftlichen Akteuren auch – Möglichkeiten des sozialen und öffentlichen Wirkens. Insbesondere bei der Ausgestaltung des Sozialstaats sind die Prinzipien der *Subsidiarität* und der *Trägerpluralität* leitend: Die öffentlichen Träger sollen von eigenen Angeboten absehen, solange freie Träger in der Lage sind, den Bedarf zu decken. Dabei sollen Träger unterschiedlicher religiös-weltanschaulicher Prägung einbezogen werden, damit jeder Hilfsbedürftige das Angebot finden kann, das seinen Überzeugungen entspricht.

Dass die Kirchen und ihre Diakonie (bzw. Caritas) in besonders großem Umfang am System des Sozialstaats partizipieren, hat einerseits mit ihrer Mitgliederstärke zu tun. Andererseits gehören Diakonie und Bildungsarbeit seit den Anfängen zu christlichem Handeln in der Welt dazu. Zumeist haben sich für diese Arbeitsfelder besondere Organisationsformen entwickelt, die der Kirche zugeordnet sind (→ 4.2.7).

4.6.1 Bildungsarbeit

Bildung, verstanden als die »Realisierung der Bestimmung des Menschseins am Ort des Individuums« und als »gesteigerte und über sich selbst aufgeklärte Handlungsfähigkeit« hat immer auch eine religiöse Komponente (Preul 1998, 1583).[5] Nicht von ungefähr hat die Kirche darum von Anfang an Bildungsarbeit betrieben. In der Reformation hat dies noch einmal einen neuen Schub bekommen. Kirchliche Bildungsarbeit ist heute auf allen Ebenen der kirchlichen Organisation zu finden. Oft haben die Gemeinden, Kirchenkreise und Landeskirchen dafür besondere Einrichtungen geschaffen.

4.6.1.1 Kindertagesstätten

Mit jeweils etwa 9.000 Einrichtungen stellen die evangelische und die röm.-kath. Kirche etwa die Hälfte aller Kindertagesstätten in Deutschland. Damit leisten die Kirchen einen Beitrag für die Erfüllung gesamtgesellschaftlicher Aufgaben und entsprechen ihrem Selbstverständnis als Bildungsinstitution.

---

5 Vgl. Platow, Religionspädagogik (KomPT).

Kindergartenarbeit ist als Teilgebiet der Kinder- und Jugendhilfe ein Arbeitsfeld der Freien Wohlfahrtspflege. Die Tagesbetreuung von Kindern soll dazu dienen, dass sich Kinder zu eigenverantwortlichen und gemeinschaftsfähigen Persönlichkeiten entwickeln, die Erziehung und Bildung in der Familie ergänzen und die Vereinbarkeit von Beruf und Kindererziehung unterstützen (§ 22 SGB VIII). Kinder haben vom vollendeten dritten Lebensjahr bis zum Schuleintritt Anspruch auf einen Kindergartenplatz.

Kirchliche Kindergärten werden meist von einer Kirchengemeinde, aber auch von kirchlichen Zweckverbänden getragen oder in Formen des Privatrechts organisiert. Zur Finanzierung der Kindertagesstätten tragen nach den Vorgaben des Kinder- und Jugendhilferechts Mittel der öffentlichen Jugendhilfe, Beiträge der Eltern und Eigenmittel der Träger bei. Zudem unterhalten die Kirchen eigene Systeme der Fachberatung und Qualitätssicherung.

Als Einrichtungen der Kirche haben die Kindergärten ein konfessionelles Profil. Der Erziehungsarbeit liegt das christliche Menschenbild zugrunde, das in der Gottebenbildlichkeit seine Wurzel hat. Mit den genannten Zielbestimmungen aus § 22 SGB VIII ist das kirchliche Bildungskonzept kompatibel, weist aber in der religiösen Dimension einen spezifischen Mehrwert auf. Kirchliche Kindergärten sind meist mit dem Leben einer Kirchengemeinde z. B. durch Besuche von Pfarrern und Teilnahme an Gottesdiensten verbunden. Unbeschadet des konfessionellen Profils stehen kirchliche Kindergärten grundsätzlich auch den Anhängern anderer Religionen und Weltanschauungen offen, sofern sie den kirchlichen Charakter der Einrichtung akzeptieren.

4.6.1.2 Kirchliche Schulen

Das Schulwesen in Deutschland war lange Zeit in kirchlicher Hand. Das öffentliche Schulwesen hat seine Wurzeln unter anderem in der Reformation. Dabei wirkten einerseits der Bildungsimpuls der Reformation und andererseits die Verlagerung von Ordnungskompetenzen auf die weltliche Obrigkeit zusammen. Erst allmählich übernahm der Staat Aufgaben in diesem Sektor. Bis in den Kulturkampf hinein nahmen die Kirchen Aufsichtsfunktionen über Schulen wahr. Mit der Weimarer Reichsverfassung (1919) wurde das gesamte Schulwesen unter die Aufsicht des Staates gestellt. Heute sieht Art. 7 Abs. 1 GG die staatliche Schulaufsicht vor und begründet einen staatlichen Erziehungsauftrag.

Gemäß seiner freiheitlichen Orientierung lässt das Grundgesetz ausdrücklich Raum für nichtstaatliche Schulträger. Dazu gehören auch die Kirchen. Als Ersatzschulen bedürfen kirchliche Schulen der staatlichen Genehmigung. Der Staat fördert Privatschulen finanziell. Dabei steht ihm jedoch ein weitreichender Gestaltungsspielraum zu, so dass sich die Finanzierungsbedingungen für kirchliche Schulen einschneidend verändern können. Zur Zeit bestehen etwa 1.200 Schulen in evangelischer Trägerschaft.

4.6.1.3 Weitere kirchliche Bildungseinrichtungen

Weitere Bildungseinrichtungen finden sich auf allen Ebenen. Regional sind hier beispielsweise Familienbildungsstätten und Gemeindeakademien zu nennen. Als überregional wirksame Stätten sind die Evangelischen Akademien zu nennen, die in der Regel von den Landeskirchen getragen sind. Diese Arbeit hat insbesondere nach dem Zweiten Weltkrieg eine erhebliche Ausweitung erfahren. Die Akademien sollen dem Dialog zwischen Kirche und Gesellschaft dienen, Fragen der Gegenwart aufgreifen und geistlich orientierend wirken.

4.6.1.4 Religionsunterricht

Gemäß Art. 7 Abs. 3 GG ist der Religionsunterricht in öffentlichen Schulen ordentliches Lehrfach. »Bei der staatlichen Einrichtung von Religionsunterricht handelt es sich nicht um eine Privilegierung der Kirchen, sondern um eine kulturstaatliche Aktivierung des Bildung- und Erziehungswerts religiöser Unterweisung im Rahmen der staatlichen Schulhoheit. [...] Neben seiner kulturstaatlichen Funktion und Legitimation trägt der staatlich veranstaltete Religionsunterricht überdies dem Individualrecht der Beteiligten Rechnung, vor allem dem Grundrecht der [...] Schüler auf Religionsfreiheit sowie dem Erziehungsrecht der Eltern in religiöser Hinsicht« (Kästner 2015, 223). Auf der anderen Seite dient der Religionsunterricht auch der sozial-produktiven Auseinandersetzung (→ 1.5.3), indem er die Menschen in religiösen Fragen sprach- und diskursfähig macht.

Der Religionsunterricht wird in Übereinstimmung mit den Grundsätzen der Religionsgemeinschaften erteilt. Er ist damit konfessionsbezogener Unterricht. Es geht nicht um eine »überkonfessionelle vergleichende Betrachtung religiöser Lehren«, sondern um den »Bekenntnisinhalt, nämlich die

Glaubenssätze der jeweiligen Religionsgemeinschaft« (BVerfGE 74, 244 [252]).

Die Kirchen sind am Religionsunterricht in dreifacher Hinsicht beteiligt:

(1) Sie wirken mit bei der Erstellung von Lehrplänen und bei der Zulassung von Schulbüchern für den Religionsunterricht.

(2) Personen, die Religionsunterricht erteilen sollen, können dies nur mit Zustimmung der Kirche tun. Dazu können zum einen Pfarrer mit der Erteilung des Unterrichts beauftragt werden. Bei anderen Lehrkräften erteilt die Kirche eine *Vokation.* Voraussetzungen sind regelmäßig eine entsprechende Ausbildung und die Mitgliedschaft in der evangelischen Kirche, in Ausnahmefällen in einer anderen Mitgliedskirche der Arbeitsgemeinschaft christlicher Kirchen.

(3) Damit der Religionsunterricht den eigenen Grundsätzen entspricht, üben die Kirchen ein eigenes Aufsichtsrecht aus und können durch eigene Beauftragte Einsicht in den Unterricht nehmen.

Die zunehmende Pluralisierung erschwert es, einen konfessionellen Religionsunterricht für alle Religionsgemeinschaften einzurichten bzw. aufrecht zu erhalten. Darum werden unterschiedliche Modelle der Kooperation entwickelt und erprobt. Verfassungsrechtlich besteht dafür ein Spielraum, solange die beteiligten Religionsgemeinschaften dafür einstehen, dass dieser Religionsunterricht, soweit ihre Angehörigen betroffen sind, auch ihren Grundsätzen entspricht (Wißmann 2019).

Besondere Anstrengungen werden in letzter Zeit unternommen, um einen islamischen Religionsunterricht zu etablieren. Hierbei erweist sich als vorrangiges Problem, dass die islamischen Verbände sich auf die Organisationsanforderungen des staatlichen Rechts einstellen müssen (→ 3.2.2.3). Beiräte, in denen verschiedene islamische Verbände beteiligt sind, sollen die Aufgaben der Religionsgesellschaft(-en) bei der Ordnung des Religionsunterrichts wahrnehmen. Dies stellt einen pragmatischen Weg dar, der solange funktioniert, bis eine der beteiligten Organisationen ihre originären Rechte als Religionsgesellschaft geltend macht.

4.6.1.5 Hochschulwesen

Am Hochschulwesen sind die evangelischen Kirchen in zweierlei Weise beteiligt: Zum einen unterhalten die Kirchen eigene Hochschulen für die Ausbildung von Pfarrern, Diakonen, Gemeindepädagogen und Mitarbeitern in anderen Feldern kirchlich-diakonischer Arbeit. Zum anderen unterliegen die theologischen Fakultäten an den staatlichen Universitäten wegen der Eigenart ihres Faches kirchlicher Mitgestaltung.

Das Grundgesetz enthält, u. a. wegen der vorrangigen Zuständigkeit der Länder für Hochschulfragen, keine direkte Aussage zu Theologischen Fakultäten. Allerdings lässt sich insofern ein »Flüstern« vernehmen, als in Art. 7 Abs. 3 GG der Religionsunterricht zu einem ordentlichen Lehrfach erklärt wird. Dies impliziert, dass auch eine entsprechende Ausbildung der Lehrkräfte eingerichtet wird (Heinig 2011, 99).

Richtiger Anknüpfungspunkt ist die Wissenschaftsfreiheit nach Art. 5 Abs. 3 GG. Die Freiheit der Wissenschaft äußert sich bereits darin, dass sich der Staat einer Definition dessen enthält, was unter Wissenschaft zu verstehen sei (→ 3.2.2.2). Erfasst wird alles, was nach Inhalt und Form als ernsthafter planmäßiger Versuch zur Ermittlung der Wahrheit anzusehen ist. Alles weitere wird dem wissenschaftlichen Diskurs überlassen (BVerfGE 35, 79 [113]; 90, 1 [12]). Dabei ist auch zu berücksichtigen, dass die verschiedenen Fachrichtungen ein je spezifisches Selbstverständnis haben. Geschützt wird darum nicht nur die Wissenschaft als solche, sondern auch die Eigenart der verschiedenen Fächer mit ihren Prämissen und Axiomen (Wissenschaftsrat 2010).

Die Theologie gehört zu den klassischen Fakultäten. Sie hat ihre Eigenart darin, dass sie in wissenschaftlicher Kommunikation auf religiöse Kommunikation bezogen ist. Sie hat nicht nur die Aufgabe, eine bestimmte Religion als historisches Phänomen zu erforschen, sondern ebenso die gegenwärtige Praxis der Religionsgemeinschaft handlungsleitend zu reflektieren (Heinig 2011, 109). Für die Theologie sind damit die Prinzipien der religiösen Authentizität wie auch der rationalen Kommunizierbarkeit leitend (Schwöbel 2011, 65). Sie dient so dem gesellschaftlichen Diskurs in religiösen Fragen.

Da Theologie im Unterschied zur Religionswissenschaft konstitutiv auf eine bestimmte Religionsgemeinschaft bezogen ist, ist der Staat auf kirchliche Mitwirkung angewiesen. Denn aufgrund der religiös-weltanschaulichen Neutralität steht ihm in Fragen der Religion kein eigenes Urteil zu (→ 3.2.3.1). Die Kirchen sind darum bei der Entscheidung über Studien- und Prüfungsordnungen zu beteiligen. Ebenso bedarf die Berufung des Lehrpersonals der kirchlichen Zustimmung, und bei nachträglicher Beanstandung ist das Lehrpersonal aus der Theologie abzuziehen und anderweitig einzusetzen (BVerfGE 122, 89).

In die kirchliche Ordnung werden theologische Fakultäten zumeist in drei Hinsichten einbezogen (Munsonius, 2009a, 57f.): Zum einen ist Aufgabe der theologischen Fakultäten die Ausbildung und Prüfung der Pfarramtskandidaten. Weiterhin wirken die theologischen Fakultäten durch berufene, entsandte oder geborene Vertreter in Synoden oder Kirchenleitungen mit. Schließlich werden die Fakultäten im Zusammenhang von Entscheidungen über die Lehre der Kirche beteiligt, sei es durch die Erstattung von Gutachten oder durch Mitarbeit in Gremien.

4.6.2 Diakonie

Diakonie und Caritas sind Sammelbezeichnungen für vielfältige Unternehmungen, die aus der ev. und der röm.-kath. Kirche hervorgegangen sind, um die Not von Menschen zu lindern.[6] Dies geschieht z. B. in Kindertagesstätten, Krankenhäusern, Altenheimen, Betreuungseinrichtungen und Diensten wie der Bahnhofsmission. Gegenwärtig bestehen ca. 28.000 (ev.) und 24.500 (röm.-kath.) Einrichtungen mit ca. 500.000 (ev.) und 600.000 (röm.-kath.) Beschäftigten. Diakonie und Caritas nehmen so in eigener Verantwortung gesamtgesellschaftliche Aufgaben wahr.

Die Sorge für Bedürftige gehörte von Anfang an zu den Kennzeichen christlicher Gemeinden. Witwenversorgung, Krankenpflege und Armenfürsorge sind durch die Jahrhunderte in unterschiedlichen Formen durch Klöster, Orden, Ritter- und Bruderschaften wahrgenommen worden. Hinzu kamen fromme Stiftungen wohlhabender Bürger. Mit der Ausbildung einer städtischen und landesherrlichen Obrigkeit im 15. und 16. Jh. ist die Armenfürsorge als Teil der öffentlichen Ordnung in die obrigkeitliche Verantwortung aufgenommen worden. Nach dem Dreißigjährigen Krieg war die öffentliche Armenfürsorge notleidend. Beginnend im späten 17. Jh., verstärkt durch die im 19. Jh. im Zuge von Industrialisierung und Verstädterung entstandene »soziale Frage« kam es zu zahlreichen Initiativen der »Inneren Mission«, die in der Regel neben der verfassten Kirche, aber in personeller Anbindung zu ihr organisiert waren. Für die Koordination der Arbeit wurden 1848 der »Centralausschuss der Inneren Mission« und 1897 der »Charitasverband für das katholische Deutschland« gegründet. Nach der Trennung von Staat und Kirche wurden diakonische Werke erstmalig im Verfassungsrecht der evangelischen Kirchen berücksichtigt. Die »Verkirchlichung« der Diakonie wurde durch die Gleichschaltungs- und Enteignungsversuche während des Nationalsozialismus, aber auch durch vergleichbare Bestrebungen in der DDR forciert. Um sie vor staatlichen Übergriffen zu schützen, wurden die Werke explizit als »Wesens- und

6 Vgl. Sigrist, Diakoniewissenschaft (KomPT).

Lebensäußerung« der Kirche bezeichnet und einer begrenzten kirchlichen Normsetzung unterworfen.

Heute sind diakonisch-karitative Einrichtungen zumeist privatrechtlich organisiert und in den Dachverbänden der Caritas und den Diakonischen Werken zusammengefasst. Durch die Zuordnung zur verfassten Kirche nehmen sie am kirchlichen Selbstbestimmungsrecht (→ 3.2.3.3) teil und sind beispielsweise an das kirchliche Arbeits- (→ 4.3.4) und Datenschutzrecht (→ 4.4.3.2) gebunden. Durch die Einbindung in das System des Sozialstaats haben Diakonie und Caritas einerseits ein vielfältiges rechtlich geordnetes Feld von Handlungsmöglichkeiten und Zugang zu erheblichen Finanzmitteln. Andererseits stehen sozialstaatliche Regulierung und zunehmende Ökonomisierung in Spannung zum karitativ-diakonischen Proprium, das aus Nächstenliebe motiviert auf Hilfe für diejenigen aus ist, bei denen sich Hilfe gerade nicht »rechnet«. Dieses Spannungsverhältnis wird gemildert durch kirchliche Zuschüsse, Spenden und Kollekten sowie durch ein beachtliches ehrenamtliches Engagement.

4.6.3 Öffentlichkeitsauftrag

Die evangelische Kirche sieht sich in der Verantwortung, vom Evangelium her am öffentlichen Leben und dem politischen Diskurs teilzunehmen (Ev. Kirche in Deutschland 2008; → 3.1.3) und so gesellschaftliche Relevanz zu entfalten (→ 1.5.3[3]). Dies tut sie in vielfältiger Weise in Form von Denkschriften, Resolutionen, Positions- und Diskussionspapieren und Stellungnahmen. Nach den Kirchenverfassungen haben vor allem die Bischöfe und Synoden ein Mandat zu solchen öffentlichen Äußerungen. Letztlich sind gleichwohl alle kirchlichen Stellen und Mitarbeiter aufgefordert, bei gegebenem Anlass das Wort zu ergreifen. Dass solche politischen Äußerungen umstritten und ihrerseits kritisierbar sind, liegt in der Natur der Sache.

Bei den kirchlichen Stellungnahmen lassen sich drei Ebenen unterscheiden (Munsonius 2016, 114–116). Zunächst kann es, wie bei anderen Organisationen auch, um eigene institutionelle Interessen der Kirche gehen, wie z. B. den Erhalt der Kirchensteuer. Darüber hinaus kümmern sich die Kirchen vor allem um Allgemeininteressen und Themen, die sonst in der Diskussion untergehen würden. Es geht darum, denen eine Stimme zu geben, die sich selbst kein Gehör verschaffen können. Und schließlich kann die Kirche Verantwortung für das politische Geschehen wahrnehmen, indem sie geeignete Foren für den Austrag von Differenzen anbietet.

Bei diesem politischen Engagement kann sich die Kirche auf die Religionsfreiheit und ihr Selbstbestimmungsrecht nach Art. 4 Abs. 1 und 2, 140 GG i. V. m. Art. 137 Abs. 3 WRV ebenso berufen wie auf die Meinungsfreiheit nach Art. 5 GG. Sie ist nicht etwa als religiöser Akteur vom politischen Geschehen ausgeschlossen. Die Neutralität des Staates dient der Pluralität der Gesellschaft, in der unterschiedliche Positionen vertreten werden können. Die Kirche ist gleichberechtigter Akteur unter vielen. Andererseits berücksichtigt der Staat an verschiedenen Stellen die gesellschaftliche Bedeutung der Kirchen. So werden sie regelmäßig in Gremien wie den Rundfunkräten einbezogen, wenn es darum geht, gesellschaftliche Pluralität abzubilden. Auch wird die besondere Kompetenz der Kirchen für »letzte Fragen« anerkannt, indem Kirchenvertreter in Ethik- und Härtefallkommissionen beteiligt werden.

Ein Grenzfall des politischen Engagements der Kirche ist das *Kirchenasyl.* Dabei handelt es sich um eine kalkulierte Überschreitung der Grenzen, die in einem Rechtsstaat gezogen sind, indem Menschen ohne Aufenthaltsstatus Unterkunft gewährt wird, um sie vor Abschiebung zu schützen. Kirchliche Gebäude sind von der staatlichen Rechtsordnung jedoch nicht ausgenommen. Die Kirchen haben kein Recht, Menschen dem Zugriff der staatlichen Behörden zu entziehen. Ein Kirchenasyl kann darum nur dazu dienen, dass die staatliche Entscheidung über die Abschiebung überdacht wird. Zwischen Kirche und Staat gibt es Absprachen, wie in solchen Fällen zu verfahren ist.

4.7 Ressourcen

Die Ressourcen der kirchlichen Arbeit kommen aus unterschiedlichen Quellen. Dabei kann unterschieden werden, ob die Mittel aus eigenem Vermögen (→ 4.7.1), aus Beiträgen der Mitglieder oder Nutznießer kirchlicher Arbeit (→ 4.7.2) oder aus öffentlichen Zuwendungen (→ 4.7.3) fließen.

4.7.1 Vermögensverwaltung

4.7.1.1 Kirchliches Verwaltungsrecht

Kirchliche Vermögensverwaltung ist kein Selbstzweck, sondern dazu bestimmt, dem kirchlichen Auftrag zu dienen. Darum unterliegt alles Vermögen dieser Zweckbindung. Durch den Erwerb und Erhalt des Vermögens und seiner

Erträge (wie z. B. Miet- und Pachteinnahmen) sollen die für die Kirche wesentlichen Handlungsfelder ermöglicht werden. Die Kirchen sind durch ihre Vermögensverwaltung in das allgemeine Wirtschaftsleben verflochten. Sie können sich darum den ökonomischen Systemzusammenhängen nicht entziehen. Gleichwohl sind sie um der Glaubwürdigkeit ihres Wirkens willen genötigt, ihr eigenes wirtschaftliches Gebaren an ethischen Standards zu messen. Andererseits lässt die eigene Abhängigkeit auch eine gewisse Zurückhaltung bei wirtschaftsethischen Verlautbarungen angebracht erscheinen.

Zwischen den verschiedenen kirchlichen Körperschaften besteht eine Solidargemeinschaft. Diese findet ihren Ausdruck in einem differenzierten System des *Finanzausgleichs*. So werden die Kirchensteuern zwar zumeist auf der gemeindlichen oder der landeskirchlichen Ebene vereinnahmt. Sie sind aber dann nach bestimmten Regeln auch an die anderen Ebenen zu verteilen. Außerdem findet aufgrund von Vereinbarungen ein Finanzausgleich zwischen den Gliedkirchen der EKD statt. Die Rechtsgrundlage dafür ist das Prinzip der Geschwisterlichkeit, wie es in Art. 5 GO.EKD seinen Ausdruck gefunden hat.

Etliches kirchliches Vermögen unterliegt einer besonderen *Zweckbindung*, die sich aus dem kirchlichen Auftrag ergibt. Diese Zweckbindung wird durch Art. 140 GG i. V.m. Art. 138 Abs. 2 WRV besonders geschützt (→ 4.7.1.2). Dazu gehören insbesondere Kirchengebäude, Pfarrhäuser und Friedhöfe nebst ihren Ausstattungsgegenständen. Besondere Bedeutung kommt dem Pfarreivermögen zu. Dieses diente früher dem Unterhalt des jeweiligen Pfarrers einer Gemeinde. Seit der Einführung einer einheitlichen und zentralen Pfarrbesoldung wird dieser Zweckbindung dadurch entsprochen, dass die Erträge des Pfarreivermögens an eine zentrale Kasse abzuführen sind. Auf diese Weise wird der Unterschied zwischen traditionell reichen und armen Gemeinden gemildert.

Zur Sicherung der kulturellen Überlieferung unterhalten die Kirchen ein eigenes Archiv- und Bibliothekswesen. Hinzu kommen bestimmte Dokumentationspflichten durch Kirchenbücher und Pfarrchroniken. Durch die Erhaltung von Gebäuden und Kunstschätzen wird darüber hinaus ein reiches Erbe gepflegt.

4.7.1.2 Staatlicher Schutz

Das kirchliche Vermögen unterliegt zunächst dem allgemeinen Eigentumsschutz nach Art. 14 GG. Darüber hinaus gibt es eine besondere Regelung in Art. 140 GG i. V. m. Art. 138 Abs. 2 WRV:

»Das Eigentum und andere Rechte der Religionsgesellschaften und religiösen Vereine an ihren für Kultus-, Unterrichts- und Wohltätigkeitszwecke bestimmten Anstalten, Stiftungen und sonstigen Vermögen werden gewährleistet.«

Diese Garantie reicht einerseits weiter als Art. 14 GG, denn es werden über das Eigentum hinaus auch andere Rechte, wie z. B. Nutzungsrechte, geschützt. Auf der anderen Seite wird nur solches Vermögen geschützt, das den genannten Kultus-, Unterrichts- und Wohltätigkeitszwecken dient, wobei diese Bestimmung ausgehend vom Selbstverständnis der Religionsgemeinschaft (Art. 140 GG i. V. m. Art. 137 Abs. 3 WRV) zu interpretieren ist. Ein der Enteignung nach Art. 14 Abs. 3 GG entsprechendes Verfahren ist hier nicht vorgesehen.

Aus dem Status als Körperschaft des öffentlichen Rechts (→ 3.2.3.4) resultiert darüber hinaus die *Widmungsbefugnis*. Danach können die Kirchen körperliche Gegenstände dem besonderen kirchlichen Gebrauch widmen und so zu öffentlichen Sachen erklären. Dies gilt vor allem für die dem Gottesdienst gewidmeten *res sacrae*, kann sich aber auch auf andere Vermögensgegenstände wie Pfarrhäuser erstrecken. Die Kirche kann Gegenstände widmen, wenn sie selbst Eigentümer ist oder dessen Zustimmung hat. Solange die Widmung besteht, geht die damit verbundene Zweckbestimmung dem Eigentum vor. Wechselt der Eigentümer, ändert dies allein noch nichts an der Zweckbindung, d. h. die Gegenstände bleiben im kirchlichen Gebrauch.

4.7.1.3 Stiftungen

Die Stiftung ist eine Rechtsform, die dem Raum der Kirche entstammt, mittlerweile aber darüber hinaus Verwendung findet (von Campenhausen / Stumpf 2014). Kirchliche Stiftungen zeichnen sich dadurch aus, dass sie kirchliche Aufgaben wahrnehmen und mit einer Kirche organisatorisch verbunden oder nach dem Willen des Stifters der kirchlichen Aufsicht unterstellt sind. Als Stiftungszwecke kommen insbesondere die Förderung der kirchlichen Verkündigung, diakonische Arbeit, Unterricht und Erziehung, Kunst und Denkmalschutz, Musik, Erwachsenenbildung und Jugendarbeit in Betracht. Insbesondere in den Bereichen der Bildung und der Wohlfahrtspflege kann es jedoch zu Abgrenzungsschwierigkeiten kommen.

Die Aufsicht über kirchliche Stiftungen fällt in den Schutzbereich des kirchlichen Selbstbestimmungsrechts und die Garantie des kirchlichen Vermögens nach Art. 140 GG i. V. m. Art. 137 Abs. 3, 138 Abs. 2 WRV. Die staatlichen Stiftungsgesetze sehen dementsprechend vor, dass diese Aufsicht vorrangig den Kirchen überlassen bleibt. Die Landeskirchen haben hierzu Stiftungsgesetze erlassen, in denen insbesondere die Anerkennung als kirchliche Stiftung, die Stiftungsaufsicht und die Verwaltung kirchlicher Stiftungen geregelt werden. Dabei legen sie einen dem staatlichen Recht entsprechenden Stiftungsbegriff zugrunde. Die staatliche Stiftungsaufsicht ist demgegenüber darauf beschränkt, die Sicherheit des Rechtsverkehrs zu gewährleisten und z. B. die Eindeutigkeit von Organisationsmaßnahmen zu prüfen.

4.7.2 Beiträge von Mitgliedern und Nutzern

4.7.2.1 Kirchensteuer

Die bedeutsamste Einnahmequelle ist die Kirchensteuer (Petersen 2017). Sie ist den Kirchen nach Art. 140 i. V. m. Art. 137 Abs. 6 WRV garantiert:

> »Die Religionsgemeinschaften, welche Körperschaften des öffentlichen Rechts sind, sind berechtigt, auf Grund der bürgerlichen Steuerlisten nach Maßgabe der landesrechtlichen Bestimmungen Steuern zu erheben.«

Die Länder haben dazu Rahmengesetze erlassen, die von den Religionsgesellschaften durch eigene Bestimmungen ausgefüllt werden. Die Kirchensteuer ist gewissermaßen der Mitgliedsbeitrag, der von den Angehörigen einer Religionsgemeinschaft erhoben wird. Sie beträgt je nach Bundesland grundsätzlich acht oder neun Prozent dessen, was als Lohn- oder Einkommenssteuer zu zahlen ist. Müssen Ehepartner für verschiedene Religionsgemeinschaften Kirchensteuer zahlen und werden gemeinsam veranlagt, so wird die gemeinsam zu zahlende Kirchensteuer jeweils zur Hälfte den Religionsgemeinschafen zugewiesen. Wenn der Ehepartner mit dem höheren Einkommen keine Kirchensteuer zahlen muss, wird von dem Kirchenmitglied ein Besonderes Kirchgeld erhoben. Die Kirchensteuer wird in den meisten Bundesländern durch die Finanzämter eingezogen und an die Kirchen überwiesen. Um den dabei entstehenden Aufwand zu decken, bekommt der Staat von den Kirchen je nach Bundesland 2–4 % der Kirchensteuersumme.

Kirchensteuer wird außer in Deutschland auch in etlichen anderen Ländern Europas erhoben wie beispielsweise Dänemark, Finnland, Schweden und in einigen Kantonen der Schweiz. In Österreich gibt es ein kircheneigenes Beitragssystem; dabei müssen die Beiträge im Zweifelsfall vor den Zivilgerichten eingeklagt werden. In Frankreich und den Niederlanden müssen sich die Kirchen weitgehend aus freiwilligen Beiträgen und Spenden finanzieren. In Italien und Spanien entrichten alle Steuerzahler eine Kultursteuer und können dabei angeben, welcher Kirche oder sozialen Organisation dieser Betrag zugutekommen soll. Weitgehend aus allgemeinen Steuermitteln werden die Kirchen in Belgien, die norwegische Ev.-Luth. Kirche und die orthodoxe Kirche in Griechenland finanziert.

Die Kirchensteuer bietet als Grundfinanzierung einige Vorteile gegenüber anderen Finanzierungsmöglichkeiten. Sie stellt eine verlässliche Einnahmequelle dar, die auch langfristige Planungen möglich macht. Sie wird von denjenigen erhoben, die (zumal in der evangelischen Kirche) als Kirchenmitglieder durch die Wahlen in die Kirchenvorstände und Synoden auch Einfluss auf die Verwendung der Einnahmen ausüben können. Indem die Kirchensteuer nach der Lohn- und Einkommenssteuer berechnet wird, richtet sich ihre Höhe nach der individuellen Leistungsfähigkeit; und die Kirche nimmt so an der wirtschaftlichen Entwicklung der Gesellschaft teil.

4.7.2.2 Gebühren

Für ihre öffentlich-rechtliche Tätigkeit können die Kirchen Gebühren erheben. Das Recht dazu ergibt sich aus ihrem Status als Körperschaft des öffentlichen Rechts (→ 3.2.3.4). Als Gebührenschuldner kommt in Betracht, wer in einem Verwaltungsrechtsverhältnis zur Kirche steht, also beispielsweise der Begünstigte eines Verwaltungsaktes ist. Bei der Höhe der Gebühren ist die Kirche an die allgemeinen Grundsätze gebunden, also insbesondere das Äquivalenzprinzip, wonach die Höhe der Gebühr in einem angemessenen Verhältnis zur Verwaltungsleistung stehen muss. Innerhalb dieses Rahmens können die Kirchen weitere Gesichtspunkte wie z. B. das Einkommen der Eltern bei Kindergartenbeiträgen oder die Zugehörigkeit zur Kirche berücksichtigen, da Kirchenmitglieder durch ihre Kirchensteuer bereits zur Finanzierung der kirchlichen Verwaltung beitragen.

4.7.2.3 Spenden, Kollekten, Fundraising

Die Sammlung von Kollekten für kirchliche und diakonische Aufgaben ist eine uralte kirchliche Praxis. In den Landeskirchen werden von den Synoden oder Kirchenleitungen Kollektenpläne verabschiedet, aus denen sich der Zweck der Sammlung an den Sonn- und Feiertagen ergibt. Für einige

Termine ist den Kirchenkreisen und Kirchengemeinden freigestellt, den Zweck selbst festzulegen.

Das Einwerben von Spenden und ein professionelles Fundraising gewinnen bei zurückgehenden Steuereinnahmen immer mehr an Bedeutung. Dabei sind auch die Interessen der unterstützungswilligen Personen zu berücksichtigen. So gilt bei allen freiwilligen Gaben eine strikte Zweckbindung, so dass Mittel nicht ohne weiteres umgewidmet werden können. Auch ist auf die Wahrung des Datenschutzes (→ 4.4.3.2) zu achten.

4.7.3 Öffentliche Finanzierung

Bei der Finanzierung kirchlicher Arbeit aus öffentlichen Mitteln ist sorgfältig zu unterscheiden, welcher Art diese Mittel sind und wie ihre Zuwendung begründet ist.

Zu wesentlichen Teilen erhalten die Kirchen Mittel, weil sie *Aufgaben des Gemeinwohls* wahrnehmen. Hierzu gehört vor allem die Finanzierung der diakonischen und der Bildungsarbeit (→ 4.6). Dem Subsidiaritätsprinzip entsprechend sollen solche Aufgaben zwar vom Staat gewährleistet, aber möglichst von »Freien Trägern« wahrgenommen werden. Als solche haben die Kirchen, wie andere auch, einen entsprechenden Refinanzierungsanspruch nach Maßgabe des staatlichen Rechts. Erhebliche Mittel erhält die Kirche auch für den Denkmalschutz, weil sie eine große Zahl denkmalgeschützter Gebäude zu unterhalten hat. Außerdem kann sich die Pflicht einer staatlichen oder kommunalen Stelle, die Erhaltung eines kirchlichen Gebäudes zu finanzieren, aus einer historischen *Baulast* ergeben.

Der Staat kann Religionsgemeinschaften auch *Subventionen* aus Gründen der *cura religionis* zuwenden. Dabei geht es um die Wahrung des religiös-weltanschaulichen Friedens und die Förderung einer freiheitlichen Religionspraxis. Darum erhalten auch jüdische Gemeinden erhebliche Zuwendungen. Außerdem ist es möglich, Religionsgemeinschaften beim Aufbau ihrer Organisation in Deutschland zu unterstützen und z. B. Mittel für den Bau von Gebäuden zuzuwenden.

Aus historischen Gründen erhalten die Kirchen *Staatsleistungen*, die als Ausgleich dafür gezahlt werden, dass in der Reformationszeit, mit dem Westfälischen Frieden 1648 und im 19. Jh. in erheblichem Umfang kirchliches Vermögen staatlich vereinnahmt worden ist. Die Staatsleistungen sind die Entschädigung dafür, dass den Kirchen die Erträge aus der Verwaltung dieses Vermögens entgehen. (Der Begriff »Staatsleistungen« ist präzise nur für diese Zuwendungen zu verwenden und nicht – wie das oft geschieht – undifferenziert für alle Mittel, die der Staat den Kirchen zuwendet – und schon gar nicht für die Kirchensteuer.) Die nach Art. 140 GG i. V.m. Art. 138 Abs. 1 WRV vorgesehene Ablösung der Staatsleistungen setzt voraus, dass den Kirchen ein Vermögen übertragen wird, aus dem sie den bisherigen Zahlungen entsprechende Erträge generieren können.

Weitere finanzielle Vorteile genießen die Kirchen durch Steuererleichterungen und Gebührenbefreiungen, die sich aus dem staatlichen Recht und Staatskirchenverträgen (→ 3.2.3.1) ergeben. Diese Vorteile sind jedoch nicht verfassungsfest und können vom Staat auch wieder aufgehoben werden.

5 Horizonte

5.1 Theoriegeschichte

In den seit der Wende des 12. zum 13. Jh. entstehenden Universitäten hatte das kanonische Recht keinen festen Platz. Es wurde sowohl in theologischen wie auch in juristischen Fakultäten gelehrt. Mit der Reformation fand das Kirchenrecht für die evangelischen Territorien seinen definitiven Ort in den juristischen Fakultäten. Hier wurde das Kirchenrecht in drei Komplexen bearbeitet: Neben die Kirchenordnungen des 16. Jh. traten das erneut rezipierte kanonische Recht (→ 2.2.1) und das sich herausbildende öffentliche Recht, das mit der Entwicklung des modernen Staates zunehmend an Bedeutung gewann (Christoph 2006, 561–567).

Ende des 19. Jh. setzte Rudolf Sohm mit seiner These vom Wesenswiderspruch zwischen Kirche und Recht (→ 1.1) die Orientierungsmarke für die weitere Auseinandersetzung. In der Zeit der Weimarer Republik suchten Günther Holstein (1928) und Hans Liermann (1933) durch die Unterscheidung von Geist- und Rechtskirche Raum für ein Kirchenrecht zu gewinnen, ohne das geistliche Wesen der Kirche infrage zu stellen. Das Verhältnis zwischen Geist- und Rechtskirche blieb jedoch unklar. Nach den Erfahrungen des Kirchenkampfes setzte mit den Werken von Johannes Heckel (1953), Erik Wolf (1961) und Hans Dombois (1961) die Grundlagendiskussion (erneut) ein. Dabei wurde in Anlehnung an die 3. These der Barmer Theologischen Erklärung besonders auf den engen Zusammenhang von Botschaft und Ordnung der Kirche geachtet und das Kirchenrecht als gegenüber dem staatlichen Recht eigenständig und eigengeartet herausgestellt (Germann 2016, Rn. 108–146).

In der Folgezeit ist den Grundlagenentwürfen immer wieder Referenz erwiesen worden. Für die Bewältigung der praktischen Aufgaben haben sie jedoch wenig Hilfestellung geboten. Symptomatisch ist die durch Axel von Campenhausen diagnostizierte und immer wieder zitierte »Grundlagenmüdigkeit« (Germann 2008). Die gegenwärtige Kirchenrechtswissenschaft bewegt sich zwischen einer starken Anbindung des Kirchenrechts an die »Wirklichkeit des rechtfertigenden Glaubens« (Germann 2016, Rn. 156) und einem positivistischen Zugang, für den unbestritten ist, »dass das Kirchenrecht und seine Wissenschaft juristische Disziplinen sind, die mit juristischen Methoden arbeiten« (de Wall / Muckel 2017, § 25 Rn. 19).

5.2 Interdisziplinarität

Will man dem Zusammenhang von geistlicher und rechtlicher Leitung (→ 3.3.3) gerecht werden, muss man das Kirchenrecht als zugleich juristische und theologische Disziplin begreifen. Mag die Legalität des Kirchenrechts noch rein juristisch bearbeitet werden, sind seine Legitimitätsfragen in hohem Grade theologisch bestimmt. In beiden Fakultäten führt das Kirchen- und Religionsrecht jedoch eine Rand- und Nischenexistenz. Im juristischen Studium können diese Fächer wahlweise neben Rechtsphilosophie, -geschichte und -soziologie sowie Allgemeiner Staatslehre als Grundlagenfach belegt werden oder sind Gegenstand eines Schwerpunktbereichs, mit dem in höheren Semestern eine gewisse Spezialisierung stattfinden kann. In theologischen Fakultäten werden diese Fächer nicht regelmäßig angeboten. Gelegentlich werden Lehraufträge vergeben oder (sofern vorhanden) die Angebote der Juristischen Fakultät genutzt. Eine Pflicht, Kirchen- oder Religionsrecht zu belegen, besteht nur für Studierende der Ev.-Luth. Kirche in Bayern.

Jurisprudenz und Theologie können in Anlehnung an Schleiermacher als »positive Wissenschaften« begriffen werden, deren Fächerkanon sich danach richtet, welche Kenntnisse und Fähigkeiten für eine bestimmte praktische Aufgabe erforderlich sind. In der Theologie geht es um die Vorbereitung auf das Pfarr- oder Lehreramt, in der Jurisprudenz um die »Befähigung zum Richteramt«, d. h. um die Entscheidung von Rechtsfällen. Als positive Wissenschaften machen beide Anleihen bei anderen Wissenschaften wie der Orientalistik, Altphilologie, Geschichtswissenschaft, Philosophie, Psychologie, Soziologie etc. Als zugleich juristische und theologische Disziplin nimmt das Kirchenrecht an deren Charakter als positive Wissenschaften teil und kann Gegenstand entsprechend unterschiedlicher Betrachtung werden. Traditionell spielt die kirchliche Rechtsgeschichte eine hervorgehobene Rolle. In neuerer Zeit gewinnt vor allem die Soziologie an Bedeutung.

Die Exotik, die dem Kirchen- und Religionsrecht in beiden Fakultäten anhaftet, kann dazu verhelfen, den eigenen Gegenstand schärfer in den Blick zu nehmen. So kann die Beschäftigung mit dem Recht in der Theologie verdeutlichen, wie die Kirche als geschichtliche Größe von einem rein geistlichen Kirchenverständnis zu unterscheiden ist, wie unter diesen Bedingungen kirchliches Handeln möglich ist und welche Stellung die Kirche in einer pluralen Gesellschaft innehat. In der juristischen Betrachtung lassen die Fächer Kirchen- und Religionsrecht Fragen der Legitimität und der Grenzen des Rechts besonders deutlich hervortreten.

5.3 Enzyklopädische Einordnung

Innerhalb der Theologie weist das Kirchenrecht Bezüge zu allen Hauptdisziplinen auf (Christoph 2006, 579f.). Als ein Phänomen, das zur geschichtlichen Realität der Kirche (→ 1.1.2.3) gehört, ist es Gegenstand der Kirchengeschichte. In seiner geistlichen Dimension ist es auf Schrift und Bekenntnis bezogen (→ 1.4.2) und damit auf die exegetischen Fächer angewiesen. Da hier jedoch keine unmittelbaren Ableitungen möglich sind, bedarf es der systematischen Theologie als Reflexionsdisziplin. Relevant sind insbesondere die Ekklesiologie und die Rechtstheologie als Disziplin der Ethik.

Als verbindliche Ordnung des kirchlichen Handelns steht das Kirchenrecht in besonders engem Zusammenhang mit der Praktischen Theologie, namentlich der Kirchentheorie. Das Kirchenrecht stellt hier eine Querschnittsmaterie dar. Dies zu entfalten ist Gegenstand des vorliegenden Kompendiums. Dabei geht es zum einen darum, dass das Recht als prinzipiell offener und gestaltbarer Modus sozialer Ordnung seine Inhalte und Orientierungen aus der Reflexion des kirchlichen Handelns bezieht.

Im Gegenzug kann die Orientierung der Praktischen Theologie am Kirchenrecht dazu beitragen, bestehende Engführungen zu überwinden. So kommt in der Praktischen Theologie beispielsweise das wirtschaftliche Handeln der Kirche kaum vor, das zwar nur dienende Funktion hat, einer theologischen Reflexion aber durchaus zugänglich ist. Vor allem ist im Hinblick auf die handelnden Personen traditionell ein starkes Übergewicht des Pfarrdienstes festzustellen. Ein Perspektivwechsel, der zunächst die Beteiligung am kirchlichen Handeln insgesamt und dann verschiedene Personengruppen in den Blick nimmt, könnte zu einer – gerade auch evangelischem Kirchenverständnis – adäquateren Wahrnehmung führen.

5.4 Ökumene

Allem Kirchenrecht eignet eine ökumenische Dimension. Denn jede Partikularkirche steht vor der Herausforderung, sich mit der Universalkirche in Beziehung zu setzen, um dem Zusammenhang des Kirchenbegriffs (→ 1.1.2) Rechnung zu tragen. »Die Einordnung in den universalkirchlichen Zusammenhang ist nicht allein akzidentiell, sondern gehört zur Substanz einer Partikularkirche« (Pirson 2003, 25). Durch die Grundvollzüge nach CA 7 wird zugleich die Kirche in ihrer zeitlichen und räumlichen Konkretion wie auch die Einheit der Kirche über Zeiten und Räume hinweg begründet. Jede Versammlung, in der diese Grundvollzüge stattfinden, ist damit ganz Kirche, aber niemals die ganze Kirche. Sie darf sich darum nicht selbst genug sein.

Die Ökumenizität des Kirchenrechts tritt zunächst dadurch in Erscheinung, dass bestimmte Sachverhalte in allen Kirchen geregelt werden und dies bei konfessionsverwandten Kirchen meist in ähnlicher Weise geschieht (Berkmann 2018; Doe 2013). Dazu gehören vor allem die für die Kirche konstitutiven Elemente Taufe, Abendmahl und Verkündigungsamt. Zudem gibt es Regelungen, die sich auf andere Partikularkirchen oder deren Mitglieder beziehen. So muss klar sein, welche kirchlichen Vollzüge anderer Partikularkirchen innerhalb der eigenen Ordnung dem kirchlichen Handeln zugrunde gelegt werden können. Prominentes Beispiel ist die Anerkennung der Taufe, so dass sie nicht wiederholt werden muss. Weiter ist klärungsbedürftig, ob und in welcher Weise die Mitglieder anderer Partikularkirchen in das eigene kirchliche Handeln und die Verständigung darüber einbezogen werden können (→ 1.3.3), ob sie beispielsweise bestimmte Ämter wie das Patenamt übernehmen können.

Die Partikularkirche ist jedoch auch gehalten, ihre Grenzen zu überwinden und mit anderen Partikularkirchen in eine Verständigung über kirchliches Handeln einzutreten. Dies setzt voraus, dass andere Organisationen ebenfalls als partikulare Erscheinungsformen der Universalkirche identifiziert werden. D. h. auch bei ihnen muss erkennbar sein, dass dauerhaft das geschieht, was die Kirche gemäß CA 7 konstituiert, also vor allem Evangeliumsverkündigung und Sakramentsfeier. Indem diese rein und einsetzungsgemäß zu geschehen haben, wird die Kirche dem Gedanken der Apostolizität gerecht. Die Beurteilung, was rein und einsetzungsgemäß ist, ist eine Frage der Lehre. Transpartikulare kirchliche Ordnung setzt damit eine Verständigung über die Lehre voraus. Sie kann einmünden in die Erklärung von Kirchengemeinschaft, wie dies insbesondere 1973 mit der Leuenberger Konkordie geschehen ist (Müller 1979). Soweit die gegenseitige Anerkennung als Kirche reicht, können gemeinsame kirchliche Ordnungen erlassen und Organisationen gebildet werden (→ 5.2.4–5).

5.5 Staat und Gesellschaft

Die Kirche ist ein Teil der Gesellschaft, von der sie sich, wie andere Akteure auch, in spezifischer Weise unterscheidet. Sie nimmt teil an den kommunikativen, wirtschaftlichen und politischen Prozessen. Gegenwärtig sind besonders die Entwicklungen der Individualisierung, Pluralisierung und Säkularisierung (→ 1.1.1.3) relevant. Zumindest quantitativ muss die Kirche einen Bedeutungsverlust hinnehmen und sich auf zurückgehende Ressourcen einstellen.

Das staatliche Religionsrecht trägt der Pluralisierung durch die Säkularisierung seiner Normen Rechnung. Es ist als Rahmenrecht für die unterschiedlichen Religionsgemeinschaften zu verstehen (→ 3.2). Dabei stellt sich immer wieder die Frage, wie weit der Gestaltungsraum für die Religionsgemeinschaften gefasst werden kann, welche Grenzen des »für alle geltenden Gesetzes« (Art. 137 Abs. 3 WRV) zu ziehen sind. In diesem Zusammenhang werden gegenwärtig auch Modelle eines Rechtspluralismus diskutiert, die für bestimmte Fragen z. B. des Familienrechts die Anwendung unterschiedlicher religiöser Rechte ermöglichen (Berkmann 2018, 167).

Staatliches und kirchliches Recht haben sich schon immer wechselseitig beeinflusst. Während hierbei lange Zeit das kirchliche, namentlich das kanonische Recht eine Vorreiterfunktion hatte (→ 2.1.2), ist seit dem 19. Jh. eine stärkere Beeinflussung des kirchlichen durch das staatliche Recht zu beobachten. Dabei handelt es sich nicht um die schlichte Übernahme staatlicher Modelle, sondern um eine kirchengemäße Adaption, wie dies z. B. bei der Einrichtung von Synoden in Korrespondenz zur staatlichen Parlamentarisierung der Fall war (→ 2.3.2). Die Übernahme staatlicher Regelungsmodelle ist auch dem Umstand geschuldet, dass eigene abweichende Regelungen die Komplexität erhöhen und den Aufwand für Rechtsentwicklung, -anwendung und -gewährleistung steigern. Dies steht in Spannung zur Abnahme der Ressourcen. Darum ist stets zu fragen, wann eine kirchenspezifische Regelung angezeigt ist.

Auf der anderen Seite ist zu fragen, inwiefern das Kirchenrecht als exemplarisches Recht in Staat und Gesellschaft ausstrahlen kann (Barth 1946,

41). So ist zwar der Dritte Weg im kirchlichen Arbeitsrecht (→ 4.3.4.3) immer wieder umstritten. Angesichts des Umstandes, dass bei Arbeitskampfmaßnahmen ein Konflikt zwischen Arbeitgebern und Arbeitnehmern oft mit erheblichen und weitreichenden Nachteilen für viele Unbeteiligte ausgetragen wird, könnte man auch überlegen, ob ein zukunftsweisendes Tarifrecht nicht solche streikfreien Wege bevorzugen sollte. Vor allem aber kann das Kirchenrecht als Vorbild dienen, wenn es um die Sensibilität für die Grenzen des Rechts geht. Die beständige Reflexion der Unterscheidung von geistlich und rechtlich, wie sie dem Kirchenrecht durch das Leitungsdogma (→ 3.3.3) eingezeichnet ist, hat hier zu differenzierten Regelungsmodellen geführt, die Wege der Kooperation und Konfliktbewältigung aufzeigen, ohne die hierfür sensiblen Vorgänge in schädlicher Weise rechtlich zu determinieren. Eine der Freiheit verpflichtete Rechtsordnung kann solcher Modelle nicht entraten.

6 Anhang

6.1 Landeskirchen und Zusammenschlüsse

6.1.1 Landeskirchen

Anhalt: Evangelische Landeskirche Anhalts (Ah)
Baden: Evangelische Landeskirche in Baden (Bad)
Bayern: Evangelisch-Lutherische Kirche in Bayern (Bay)
Berlin-Brandenburg-schlesische Oberlausitz: Evangelische Kirche Berlin-Brandenburg-schlesische Oberlausitz (BO)
Braunschweig: Evangelisch-lutherische Landeskirche in Braunschweig (Bsw)
Bremen: Bremische Evangelische Kirche (Brm)
Hannover: Evangelisch-lutherische Landeskirche Hannovers (Han)
Hessen-Nassau: Evangelische Kirche in Hessen und Nassau (HN)
Kurhessen-Waldeck: Evangelische Kirche von Kurhessen-Waldeck (KW)
Lippe: Lippische Landeskirche (Li)
Mitteldeutschland: Evangelische Kirche in Mitteldeutschland (MD)
Nordkirche: Evangelisch-Lutherische Kirche in Norddeutschland (ND)
Oldenburg: Evangelisch-Lutherische Kirche in Oldenburg (Old)
Pfalz: Evangelische Kirche der Pfalz (Protestantische Landeskirche) (Pf)
Reformiert: Evangelisch-Reformierte Kirche (Ref)
Rheinland: Evangelische Kirche im Rheinland (Rh)
Sachsen: Evangelisch-Lutherische Kirche Sachsens (Sa)
Schaumburg-Lippe: Evangelisch-Lutherische Landeskirche Schaumburg-Lippe (SLi)
Westfalen: Evangelische Kirche von Westfalen (Wf)
Württemberg: Evangelische Landeskirche in Württemberg (Wü)

6.1.2 Zusammenschlüsse

Arnoldshainer Konferenz – AKf (1967–2003)
Bund der evangelischen Kirchen in der DDR – BEK (1969–1990)
Evangelische Kirche der Union – EKU (1953–2003)
Evangelische Kirche in Deutschland – EKD (1946)
Konföderation evangelischer Kirchen in Niedersachsen (1971)

Union Evangelischer Kirchen in der Evangelischen Kirche in Deutschland – UEK (2003)
Vereinigte Evangelisch-Lutherische Kirche Deutschlandes – VELKD (1948)

6.1.3 Ökumene

Arbeitsgemeinschaft christlicher Kirchen (AcK)
Gemeinschaft Evangelischer Kirchen in Europa (Leuenberger Kirchengemeinschaft) (GEKE)
Konferenz Europäischer Kirchen (KEK)
Lutherischer Weltbund (LWB)
Ökumenischer Rat der Kirchen (ÖRK)
Weltgemeinschaft Reformierter Kirchen (WGRK)

6.2 Zuordnung kirchlicher Bezeichnungen

Ältestenkreis (Bad) → Kirchenvorstand
Bischof (BO, KW, Old)
Bischof (ND) → Regionalbischof
Dekan (Bad, Bay, HN, KW, Pf, Wü) → Superintendent
Dekanat (HN) → Kirchenkreis
Dekanatsbezirk (Bay) → Kirchenkreis
Ephorie (Sa) → Kirchenkreis
Evangelischer Oberkirchenrat (Bad) → Landeskirchenamt
Gemeindekirchenrat (BO, MD, Old) → Kirchenvorstand
Gemeindekirchenrat (SLi) → vgl. Gemeindevertretung
Gemeindevertretung (Ref)
Gemeinsamer Kirchenausschuss (Old) → Kirchenleitung
Generalsuperintendent (BO) → Regionalbischof
Gesamtsynode (Ref) → Landessynode
Grundordnung (Bad, BO, KW) → Kirchenverfassung
Kirchenausschuss (Brm) → Kirchenleitung
Kirchenbezirk (Bad, Pf, Sa, SLi, Wü) → Kirchenkreis
Kirchengemeinde (Ah, Bad, Bay, BO, Bsw, Brm, Han, HN, KW, Li, MD, ND, Old, Pf, Ref, Rh, SLi, Wf, Wü)
Kirchengemeinderat (Ah, ND, Wü) → Kirchenvorstand
Kirchenkanzlei (Brm) → Landeskirchenamt
Kirchenkreis (Ah, BO, Han, KW, MD, Nd , Old, Rh, Wü)
Kirchenleitung (Ah, BO, EKHN, ND, Rh, Sa, Wü)
Kirchenordnung (HN, Old, Rh, Wf) → Kirchenverfassung
Kirchenpräsident (Ah, HN, Pf, Ref) → Bischof
Kirchenrat (Ref) → Kirchenvorstand

Kirchenregierung (Bsw, Pf) → Kirchenleitung
Kirchensenat (Han) → Kirchenleitung
Kirchensynode (HN) → Landessynode
Kirchentag (Brm) → Landessynode
Kirchenverfassung
Kirchenverwaltung (HN) → Landeskirchenamt
Kirchenvorstand (Bay, Bsw, Brm, Han, HN, KW, Li, Sa, SLi)
Kirchgemeinde (Sa) → Kirchengemeinde
Klasse (Li) → Kirchenkreis
Konsistorium (BO) → Landeskirchenamt
Kreisoberpfarrer (Ah) → Superintendent
Kreispfarrer (Old) → Superintendent
Moderamen der Gesamtsynode (Ref) → Kirchenleitung
Landesbischof (Bad, Bay, Bsw, Han, MD, ND, Sa, SLi, Wü) → Bischof
Landeskirchenamt (Ah, Bay, Bsw, Han, KW, Li, MD, ND, Ref, Rh, Sa, SLi, Wf)
Landeskirchenausschuss (Wü) → Kirchenleitung
Landeskirchenrat (Bad, Bay, Li, MD, SLi) → Kirchenleitung
Landessuperintendent (Han) → Regionalbischof
Landessuperintendent (Li) → Bischof
Landessynode (Ah, Bad, Bay, BO, Bsw, Han, KW, Li, MD, ND, Pf, Rh, Sa, SLi, Wf, Wü)
Oberkirchenrat (Old, Wü) → Landeskirchenamt
Pfarrgemeinde (Bad) → vgl. Kirchengemeinde
Prälat (Bad, Wü) → Regionalbischof
Presbyterium (Pf, Ref, Rh, Wf) → Kirchenvorstand
Propst (Bsw, ND) → Superintendent
Propst (HN, KW) → Regionalbischof
Propstei (Bsw) → Kirchenkreis
Rat der Landeskirche (KW) → Kirchenleitung
Regionalbischof (Bay, MD)
Schriftführer (Brm) → Bischof; Präses (Rh, Wf)
Senior, reformierter (MD) → Regionalbischof
Stadtkirchenbezirk (Bad) → Kirchenkreis
Superintendent (BO, Han, Li, MD, Rh, Sa, SLi, Wü)
Synodalverband (Ref) → Kirchenkreis
Synode (Old) → Landessynode
Verfassung (Ah, Bay, Bsw, Brm, Han, Li, MD, ND, Sa, SLi, Wü) → Kirchenverfassung

6.3 Rechts-(informations-)quellen

Die Rechtsquellen des evangelischen Kirchenrechts werden in den Amtsblättern der Landeskirchen, der VELKD und der EKD veröffentlicht. Jährlich erscheint mit dem ABl.EKD Nr. 8 ein Nachweis aller im vorangegangenen Jahr publizierten Rechtsquellen. Für die Praxis haben die Landeskirchen

Loseblattsammlungen veröffentlicht, in denen alle für ihren Bereich einschlägigen Normen zusammengestellt sind und durch Ergänzungslieferungen aktualisiert werden. Außerdem sind viele Rechtstexte im Internet zu finden. Die meisten Landeskirchen können über die Plattform www.fis-kirchenrecht.de erschlossen werden.

Das staatliche Recht wird im Bundesgesetzblatt und in den Gesetzblättern der Länder verkündet. Auf dem Buchmarkt sind Textausgaben unterschiedlichen Zuschnitts als Loseblattsammlung oder Taschenbuchausgabe erhältlich. Ein Portal für Textquellen im Internet bietet www.gesetze-im-internet.de.

BUSCHMANN, ARNO (Hg.) (1004), Kaiser und Reich, 2 Bd., 2. Aufl. Baden-Baden.

DINGEL, IRENE (Hg.) (2014), Die Bekenntnisschriften der evangelisch-lutherischen Kirche, Göttingen.

GERMANN, MICHAEL (Hg.), Staatskirchenrecht und Kirchenrecht. Textauswahl, verschiedene Ausgaben, Halle.

GERMANN, MICHAEL (Hg.) (2012), Verfassungen der evangelischen Kirchen in Deutschland, Halle.

GIESE, FRIEDRICH / HOSEMANN, JOHANNES (Hg.) (1927), Die Verfassungen der Deutschen Evangelischen Landeskirchen, 2 Bd., Berlin.

HUBER, ERNST RUDOLF / HUBER, WOLFGANG (Hg.) (1990), Staat und Kirche im 19. und 20. Jahrhundert, Bd. 1–4, 2. Aufl. Berlin.

KRAUS, DIETER (Hg.) (2001), Evangelische Kirchenverfassungen in Deutschland, Berlin.

MAU, RUDOLF U. A. (Hg.) (2008), Evangelische Bekenntnisse, 2. Aufl. Bielefeld.

NEUREITHER, GEORG (2015), Leitentscheidungen zum Religionsverfassungsrecht, Stuttgart.

WILLOWEIT, DIETMAR, /SEIF, ULRIKE (Hg.) (2003), Europäische Verfassungsgeschichte, München.

6.4 Einführende Literatur

6.4.1 Kirchentheorie

GRETHLEIN, CHRISTIAN (2018), Kirchentheorie. Kommunikation des Evangeliums im Kontext, Berlin.

HAUSCHILDT, EBERHARD / POHL-PATALONG, UTA (2013), Kirche (Lehrbuch Praktische Theologie, 4), Gütersloh.

HERMELINK, JAN (2011), Kirchliche Organisation und das Jenseits des Glaubens. Eine praktisch-theologische Theorie der evangelischen Kirche, Gütersloh.

KUNZ, RALPH / SCHLAG, THOMAS (Hg.) (2014), Handbuch für Kirchen- und Gemeindeentwicklung, Neukirchen-Vluyn.

PREUL, REINER (1997), Kirchentheorie. Wesen, Gestalt und Funktionen der Evangelischen Kirche, Berlin.

6.4.2 Kirchenrecht

ANKE, HANS ULRICH / DE WALL, HEINRICH / HEINIG, HANS MICHAEL (Hg.) (2016), Handbuch des evangelischen Kirchenrechts, Tübingen.

DE WALL, HEINRICH / MUCKEL, STEFAN (2017), Kirchenrecht, 5. Aufl. München, 248–398.

ERLER, ADALBERT (1983), Kirchenrecht, 5. Aufl. München.

GRETHLEIN, CHRISTIAN (2015), Evangelisches Kirchenrecht. Eine Einführung, Leipzig.

GRETHLEIN, GERHARD / BÖTTCHER, HARTMUT / HOFMANN, WERNER / HÜBNER, HANS-PETER (1994), Evangelisches Kirchenrecht in Bayern, München.

HEINIG, HANS MICHAEL / REISGIES, JENS (2019), 100 Begriffe aus dem evangelischen Kirchenrecht, Tübingen.

HONECKER, MARTIN (2009), Evangelisches Kirchenrecht. Eine Einführung in die theologischen Grundlagen (Bensheimer Hefte, 109), Göttingen.

KÜHN, OSKAR / WEIER, JOSEPH (1986), Kirchenrecht (Schaeffers Grundriß des Rechts und der Wirtschaft, 33), Heidelberg.

LIERMANN, HANS (1933), Deutsches Evangelisches Kirchenrecht (Bibliothek des öffentlichen Rechts, 5), Stuttgart.

MUNSONIUS, HENDRIK (2015), Evangelisches Kirchenrecht. Grundlagen und Grundzüge, Tübingen.

MUNSONIUS, HENDRIK (2017), Die Kirche und ihr Recht, Hannover.

SCHILBERG, ARNO (2003), Evangelisches Kirchenrecht in Rheinland, Westfalen und Lippe, Stuttgart.

STEIN, ALBERT (1992), Evangelisches Kirchenrecht. Ein Lernbuch, 3. Aufl. Neuwied u. a.

6.4.3 Religionsrecht

VON CAMPENHAUSEN, AXEL / DE WALL, HEINRICH (2006), Staatskirchenrecht, 4. Aufl. München [5. Aufl. in Vorbereitung].

CLASSEN, CLAUS DIETER (2015), Religionsrecht, 2. Aufl. Tübingen.

CZERMAK, GERHARD (2018), Religions- und Weltanschauungsrecht, 2. Aufl. Berlin / Heidelberg.

DE WALL, HEINRICH / MUCKEL, STEFAN (2017), Kirchenrecht, 5. Aufl. München, 60–94.

HEINIG, HANS MICHAEL / MUNSONIUS, HENDRIK (Hg.) (2015), 100 Begriffe aus dem Staatskirchenrecht, 2. Aufl. Tübingen.

JEAND'HEUR, BERND / KORIOTH, STEFAN (2000), Grundzüge des Staatskirchenrechts, Stuttgart u. a.

LISTL, JOSEPH / PIRSON, DIETRICH (Hg.) (1994/95), Handbuch des Staatskirchenrechts der Bundesrepublik Deutschland, 2. Aufl. Berlin [3. Aufl. in Vorbereitung].

UNRUH, PETER (2018), Religionsverfassungsrecht, 4. Aufl. Baden-Baden.

Winter, Jörg (2008), Staatskirchenrecht der Bundesrepublik Deutschland, 2. Aufl. Köln.

6.4.4 Rechtsgeschichte

de Wall, Heinrich / Muckel, Stefan (2017), Kirchenrecht, 5. Aufl. München, 6–59.
Link, Christoph (2017), Kirchliche Rechtsgeschichte, 3. Aufl. München.

6.4.5 Zeitschriften

Kirche und Recht – KuR (seit 1995)
Österreichisches Archiv für Recht und Religion – öarr (seit 1950; bis 1999: Österreichisches Archiv für Kirchenrecht – ÖAKR)
Schweizerisches Jahrbuch für Kirchenrecht – SJKR (seit 1996)
Zeitschrift für evangelisches Kirchenrecht – ZevKR (seit 1951)
Zeitschrift der Savignystiftung für Rechtsgeschichte. Kanonistische Abteilung – ZRG.KA (seit 1911)

6.4.6 Recht allgemein

Mahlmann, Matthias (2019), Konkrete Gerechtigkeit. Eine Einführung in Recht und Rechtswissenschaft der Gegenwart, 4. Aufl. Baden-Baden.
Rüthers, Bernd u. a. (2018), Rechtstheorie. Begriff, Geltung und Anwendung des Rechts, 10. Aufl. München.
Zippelius, Reinhold (2017), Einführung in das Recht, 7. Aufl. Tübingen.

6.5 Literaturliste

Albrecht, Christian (2006), Kasualtheorie. Geschichte, Bedeutung und Gestalt kirchlicher Amtshandlungen (Praktische Theologie in Geschichte und Gegenwart, 2), Tübingen.
Albrecht, Christian (2013), »Dienstgemeinschaft«. Zur Pluralitätsfähigkeit einer diakonischen Pathosformel, in: ders. (Hg.), Wieviel Pluralität verträgt die Diakonie?, Tübingen, 93–107.
Anschütz, Gerhard (1932), Die Religionsfreiheit, in: ders. / Thoma, Richard (Hg.), Handbuch des Deutschen Staatsrechts, Bd. 2 (Das öffentliche Recht der Gegenwart, 29), Tübingen, 675–689.
Anschütz, Gerhard (1933), Die Verfassung des Deutschen Reiches vom 11. August 1919 (Stilkes Rechtsbibliothek, 1), 14. Aufl. Berlin.

ASSMANN, JAN (2004), Religion und kulturelles Gedächtnis. Zehn Studien, 2. Aufl. München.

BARTH, KARL (1946), Christengemeinde und Bürgergemeinde (Theologische Studien, 20), Zollikon-Zürich, 3–43.

BERKMANN, BURHARD JOSEF (2018), Internes Recht der Religionen. Einführung in eine vergleichende Disziplin, Stuttgart.

BERMAN, HAROLD J. (1995), Recht und Revolution. Die Bildung der westlichen Rechtstradition, Frankfurt.

BERMAN, HAROLD J. (2003), Law and Revolution II. The Impact of the Protestant Reformations on the Western Legal Tradition, Cambridge / London.

BRUGGER, WINFRIED (2007), Varianten der Unterscheidung von Staat und Kirche, in: AöR 132, 4–43.

BULLINGER, ADELHEID (1974), Das Ende des Landesherrlichen Kirchenregiments und die Neugestaltung der evangelischen Kirche, in: ZevKR 19, 73–105.

VON CAMPENHAUSEN, AXEL (2009), Religionsfreiheit, in: ISENSEE, JOSEF / KIRCHHOF, PAUL (Hg.), Handbuch des Staatsrechts, Bd. 7, 3. Aufl. Heidelberg, § 157, 597–662.

VON CAMPENHAUSEN, AXEL / STUMPF, CHRISTOPH (2014), Kirchliche Stiftungen, in: RICHTER, ANDREAS (Hg.), Stiftungsrechts-Handbuch, 4. Aufl. München, 589–615.

VON CAMPENHAUSEN, HANS (2003), Die Entstehung der christlichen Bibel, 2. Aufl. Tübingen.

CHRISTOPH, JOACHIM E. (2006), Wozu evangelisches Kirchenrecht?, in: ZevKR 51, 556–588.

DOE, NORMAN (2013), Christian Law. Contemporary Principles, Cambridge.

DOHMEN, CHRISTOPH (2006), Die Bibel und ihre Auslegung, 3. Aufl. München.

DOMBOIS, HANS (1961), Das Recht der Gnade, Bd. 1 (Forschungen und Berichte der Evangelischen Studiengemeinschaft, 20), Witten.

DREIER, HORST (2018), Staat ohne Gott. Religion in der säkularen Moderne, München.

ESSER, HARTMUT (2000), Soziologie, Spezielle Grundlagen, Bd. 5. Institutionen, Frankfurt a. M.

EV. KIRCHE IN DEUTSCHLAND (1985), Evangelische Kirche und freiheitliche Demokratie. Der Staat des Grundgesetzes als Angebot und Aufgabe. Eine Denkschrift der Evangelischen Kirche in Deutschland, Gütersloh.

EV. KIRCHE IN DEUTSCHLAND (2008), Das rechte Wort zur rechten Zeit. Eine Denkschrift des Rates der Evangelischen Kirche zum Öffentlichkeitsauftrag der Kirche, Gütersloh.

FECHTNER, KRISTIAN (2011), Kirche von Fall zu Fall. Kasualien wahrnehmen und gestalten, Gütersloh.

FECHTNER, KRISTIAN (2017), Christentum und moderne Gesellschaft, in: DERS. / HERMELINK, JAN / KUMLEHN, MARTINA / WAGNER-RAU, ULRIKE, Praktische Theologie. Ein Lehrbuch, Stuttgart, 29–37.

FROST, HERBERT (1972), Strukturprobleme evangelischer Kirchenverfassung: rechtsvergleichende Untersuchung zum Verfassungsrecht der deutschen evangelischen Landeskirchen, Göttingen.

GERMANN, MICHAEL (2004), Art. »Rechtsfähigkeit, kirchliche«, in: RGG[4] 7, 117.

GERMANN, MICHAEL (2008), Der Status der Grundlagendiskussion in der evangelischen Kirchenrechtswissenschaft, in: ZevKR 53, 375–407.

GERMANN, MICHAEL (2016), Die Diskussion über die Grundlagen des evangelischen Kirchenrechts, in: ANKE, HANS ULRICH u. a. (Hg.), Handbuch des evangelischen Kirchenrechts, Tübingen, 46–80.

GLAWATZ-WELLERT, ANNE-RUTH (2006), Die Zuordnung der Diakonie zur Kirche, in: ZevKR 51, 352–373.

GOOS, CHRISTOPH (2010), Grundfragen des Disziplinarrechts in Staat und Kirche, in: KuR 16, 209–225.

GUNTAU, BURKHARD (2002), Das (neue) Gesetzgebungsrecht in der Grundordnung der Evangelischen Kirche in Deutschland, in: ZevKR 47, 639–669.

GUNTAU, BURKHARD (2011), Das Verwaltungsverfahrens- und -zustellungsgesetz der EKD vom 28. Oktober 2009, in: ZevKR 56, 371–404.

GUTKNECHT, SVEN (2019), Organisationsgewalt oder öffentlich-rechtliche Organisationsbefugnis? Die Reichweite der sogenannten Organisationsgewalt öffentlich-rechtlicher Religionsgemeinschaften und die staatliche Mitwirkung bei ihrer Ausübung, Göttingen.

HABERMAS, JÜRGEN (1992), Faktizität und Geltung, Frankfurt a. M.

HÄRLE, WILFRIED (1989), Art. »Kirche VII. Dogmatisch«, in: TRE 18, 277–317.

HÄRLE, WILFRIED (1996), Allgemeines Priestertum und Kirchenleitung nach evangelischem Verständnis, in: DERS. / PREUL, REINER (Hg.), Kirche (Marburger Jahrbuch Theologie 8), Marburg, 61–81.

HÄRLE, WILFRIED (2010), Kirchenleitung im Anschluss an Schleiermacher, in: ZevKR 55, 1–19.

HAUSCHILDT, EBERHARD / POHL-PATALONG, UTA (2013), Kirche (Lehrbuch Praktische Theologie 4), Gütersloh.

HECKEL, CHRISTIAN (2018), Grundrechte in evangelischen Kirchenverfassungen, in: ZevKR 63, 233–262.

HECKEL, MARTIN (1988), Der Westfälische Friede als Instrument internationaler Friedenssicherung und religiös-weltanschaulicher Koexistenzordnung, in: JuS 28, 336–341.

HECKEL, MARTIN (2000), Das Auseinandertreten von Staat und Kirche in Deutschland seit der Mitte des 19. Jahrhunderts, in: ZevKR 45, 173–200.

HECKEL, MARTIN (2005), Der Augsburger Religionsfriede. Sein Sinnwandel vom provisorischen Notstands-Instrument zum sakrosankten Reichsfundamentalgesetz religiöser Freiheit und Gleichheit, in: JZ 60, 961–970.

HECKEL, MARTIN (2007), Vom Religionskonflikt zur Ausgleichsordnung. Der Sonderweg des deutschen Staatskirchenrechts vom Augsburger Religionsfrieden 1555 bis zur Gegenwart, München.

HECKEL, MARTIN (2009), Zur Zukunftsfähigkeit des deutschen »Staatskirchenrechts« oder »Religionsverfassungsrechts«?, in: AöR 134, 309–390.

HECKEL, MARTIN (2013), Zur Bedeutung des Verfahrensrechts in der Reichsverfassung des Konfessionellen Zeitalters, in: DERS., Gesammelte Schriften, Bd. 6, Tübingen, 231–262.

HECKEL, JOHANNES (1953), Lex charitatis. Eine juristische Untersuchung über das Recht in der Theologie Martin Luthers, München.

HEINIG, HANS MICHAEL (2011), Theologie an staatlichen Universitäten: verfassungsrechtliche Vorgaben, verfassungsrechtliche Spielräume, in: ALKIER, STEFAN / HEIMBROCK, HANS-GÜNTER (Hg.), Evangelische Theologie an Staatlichen Universitäten, Göttingen, 93–122.

HEINIG, HANS MICHAEL (2003), Öffentlich-rechtliche Religionsgesellschaften. Studien zur Rechtsstellung der nach Art. 137 Abs. 5 WRV korporierten Religionsgesellschaften in Deutschland und in der Europäischen Union, Berlin.

HEINIG, HANS MICHAEL (2019), »Religionsgemeinschaft / Religionsgesellschaft«: Herkunft, aktuelle Bedeutung und Zukunft einer religionsverfassungsrechtlichen Zentralkategorie, in: ZevKR 64, 1–22.

HELMHOLZ, RICHARD H. (2013), Kanonisches Recht und europäische Rechtskultur, Tübingen.

HERMELINK, JAN (2011), Kirchliche Organisation und das Jenseits des Glaubens. Eine praktisch-theologische Theorie der evangelischen Kirche, Gütersloh.

HERMELINK, JAN (2012), Das Pfarrdienstgesetz der EKD – in praktisch-theologischer Perspektive, in: ZevKR 57, 263–285.

HERMS, EILERT (1990), Die Ordnung der Kirche, in: DERS., Erfahrbare Kirche, Tübingen, 102–118.

HERMS, EILERT (2010), Das Amt der Kirche und die ordnungsgemäße Berufung zur Wahrnehmung des Amtes der Kirche im Auftrag und Namen der Kirche, in: DERS., Kirche – Geschöpf und Werkzeug des Evangeliums, Tübingen, 194–206.

HESSE, KONRAD (1964/65), Freie Kirche im demokratischen Gemeinwesen, in: ZevKR 11, 337–362.

HOLSTEIN, GÜNTHER (1928), Die Grundlagen des evangelischen Kirchenrechts, Tübingen.

HUBER, WOLFGANG (1997), Grundrechte in der Kirche, in: RAU, GERHARD u. a. (Hg.), Das Recht der Kirche, Bd. I. Zur Theorie des Kirchenrechts (Forschungen und Berichte der Evangelischen Studiengemeinschaft, 49), Gütersloh, 518–544.

JOUSSEN, JACOB (2014), Das neue Arbeitsrecht der Evangelischen Kirche in Deutschland, in: ZevKR 59, 50–68.

KÄSTNER, KARL-HERMANN (1991), Staatliche Justizhoheit und religiöse Freiheit (Jus Ecclesiasticum, 41), Tübingen.

KÄSTNER, KARL-HERMANN (2015), Art. »Religionsunterricht«, in: HEINIG, HANS MICHAEL / MUNSONIUS, HENDRIK (Hg.), 100 Begriffe aus dem Staatskirchenrecht, 222–225.

KAPISCHKE, MARKUS (2007), Neuregelung des Kirchenbeamtenrechts in den evangelischen Kirchen, in: ZBR, 235–242.

KLUETING, HARM (2004), Laienpredigt und Laienordination in der Evangelischen Kirche unter kirchengeschichtlichem, theologischem und kirchenrechtlichem Aspekt, in: ZevKR 49, 417–442.

KNOBLAUCH, HUBERT (2018), Individualisierung, Privatisierung und Subjektivierung, in: POLLACK, DETLEF u. a. (Hg.), Handbuch Religionssoziologie, Wiesbaden, 329–346.

KÖRTNER, ULRICH H. J. (2004), Kirchenleitung und Episkopé, Wien.

KORSCH, DIETRICH (2007), Martin Luther. Eine Einführung, Tübingen.

KUNTZE, JOHANNES (2013), Bürgerliche Mitgliedschaft in Religionsgemeinschaften (Göttinger Schriften zum öffentlichen Recht, 4), Göttingen.

LANDAU, PETER (1995), Das Kirchenrecht des Allgemeinen Landrechts für die Preußischen Staaten im 19. Jahrhundert, in: DÖLEMEYER, BARBARA / MOHNHAUPT, HEINZ (Hg.), 200 Jahre Allgemeines Landrecht für die preußischen Staaten (Studien zur Europäischen Rechtsgeschichte, 75), Frankfurt a. M., 145–185.

LAUSTER, JÖRG (2008), Zwischen Entzauberung und Remythisierung. Zum Verhältnis von Bibel und Dogma (Forum Theologische Literaturzeitung, 21), Leipzig.

LEONHARDT, ROCHUS (2017), Religion und Politik im Christentum, Baden-Baden.

LIEDHEGENER, ANTONIUS (2018), Pluralisierung, in: POLLACK, DETLEF u. a. (Hg.), Handbuch Religionssoziologie, Wiesbaden, 347–382.

LIERMANN, HANS (1933), Deutsches Evangelisches Kirchenrecht (Bibliothek des öffentlichen Rechts, 5), Stuttgart.

LINK, CHRISTOPH (1998), Die Bedeutung des Westfälischen Friedens in der deutschen Verfassungsentwicklung, in: JZ 53, 1–9.

LINK, CHRISTOPH (2000), Rechtstheologische Grundlagen des evangelischen Kirchenrechts, in: ZevKR 45, 73–88.

LUDWIG, HOLGER (2010), Von der Institution zur Organisation. Eine grundbegriffliche Untersuchung zur Beschreibung der Sozialgestalt der Kirche in der neueren evangelischen Ekklesiologie (Öffentliche Theologie 26), Leipzig.

LUHMANN, NIKLAS (1999), Funktionen und Folgen formaler Organisation, 1964, 5. Aufl. Berlin.

LUHMANN, NIKLAS (1970), Positivität des Rechts als Voraussetzung einer modernen Gesellschaft, in: Jahrbuch für Rechtssoziologie und Rechtstheorie 1, 175–202.

LUHMANN, NIKLAS (1993), Legitimation durch Verfahren, 3. Aufl. Frankfurt a. M.

LUHMANN, NIKLAS (2008), Soziale Systeme, 13. Aufl. Frankfurt a. M.

LUHMANN, NIKLAS (2000), Organisation und Entscheidung, Opladen / Wiesbaden.

LUTHER, MARTIN (1520), An den christlichen Adel deutscher Nation. Von des christlichen Standes Besserung, 1520, WA 6, 404–469.

MAGEN, STEFAN (2002), Der Rechtsschutz in Kirchensachen nach dem materiellrechtlichen Ansatz, in: NVwZ 21, 897–903.

MAURER, WILHELM (1976), Verwaltung und Kirchenleitung, in: DERS., Die Kirche und ihr Recht, Tübingen, 526–553.

MEHLHAUSEN, JOACHIM (1995), Zur Geschichte des evangelischen Kirchenverfassungsrechts in Deutschland (19. Jahrhundert), in: RAU, GERHARD u. a. (Hg.), Das Recht der Kirche, Bd. 2. Zur Geschichte des Kirchenrechts (Forschungen und Berichte der Evangelischen Studiengemeinschaft, 50), Gütersloh, 193–271.

MÖLLERS, CHRISTOPH (2008), Die drei Gewalten. Legitimation der Gewaltengliederung in Verfassungsstaat, Europäischer Integration und Internationalisierung, Weilerswist.

MOOS, THORSTEN (2013), Kirche bei Bedarf: zum Verhältnis von Diakonie und Kirche aus theologischer Sicht, in: ZevKR 58, 253–279.

MUCKEL, STEFAN (2018), Körperschaftsstatus im 21. Jahrhundert – Anachronismus oder Zukunftsmodell?, in: ZevKR 63, 30–56.

MÜLLER, HANS MARTIN (1979), Der Lehrbegriff der Leuenberger Konkordie und die Frage der Kirchengemeinschaft, in: KuD 25, 2–16.

MUNSONIUS, HENDRIK (2008), Das undeutliche Wort »Gemeinde«, in: ZevKR 53, 61–67.

MUNSONIUS, HENDRIK (2009), Elterliche Sorge und die Taufe religionsunmündiger Kinder, in: ZevKR 54, 83–88.

MUNSONIUS, HENDRIK (2009a), Die juristische Person des evangelischen Kirchenrechts (Jus Ecclesiasticum, 89), Tübingen.

MUNSONIUS, HENDRIK (2011), Gemeinde zwischen Lebenspraxis und Rechtsform, in: PrTh 46, 100–109.

MUNSONIUS, HENDRIK (2011a), Kirchenrecht zwischen Positivismus und Bekenntnisbindung, in: ZevKR 56, 279–293.

MUNSONIUS, HENDRIK (2013), Ordination und Beauftragung, in: ZevKR 58, 159–176.

MUNSONIUS, HENDRIK (2013a), Kirchliches Arbeitsrecht zwischen Glaube und Ökonomie, in: BThZ 30, 378–394.

MUNSONIUS, HENDRIK (2014), Wen bindet und berechtigt das evangelische Kirchenrecht?, in: ZevKR 59, 257–278.

MUNSONIUS, HENDRIK (2014a), Amtliche Beglaubigung durch kirchliche Stellen?, in: ZevKR 59, 381–389.

MUNSONIUS, HENDRIK (2015), Leitung durch das Wort? Die Rolle des Bischofs im System der Kirchenleitung, in: ZevKR 60, 147–164.

MUNSONIUS, HENDRIK (2016), Öffentliche Religion im säkularen Staat, Tübingen.

MUNSONIUS, HENDRIK (2016a), Gottesdienst und Verkündigung, in: ANKE, HANS ULRICH u. a. (Hg.), Handbuch des evangelischen Kirchenrechts, Tübingen, 619–653.

MUNSONIUS, HENDRIK (2019), »... geistlich und rechtlich in unaufgebbarer Einheit«. Das Leitungsdogma als Pathosformel, ZevKR 64, 44–66.

NEIE, JENS (2009), Bekenntnis, Bekenntnisstand und Bekenntnisbindung im evangelischen Kirchenrecht (Schriften zum Staatskirchenrecht, 44), Frankfurt a. M.

NOTTMEIER, CHRISTIAN (2008), Lebensordnungen und Leitlinien kirchlichen Lebens, in: PrTh 43, 187–197.

OCHEL, JOACHIM (2011), Sind Fragen der Lebensordnung heute noch rechtlich zu regeln?, in: KuR 17, 254–263.

PETERSEN, JENS (2017), Kirchensteuer kompakt. Strukturierte Darstellung mit Berechnungsbeispielen, 3. Aufl. Wiesbaden.

PIRSON, DIETRICH (1982), Zum personellen Geltungsbereich kirchlicher Rechtsvorschriften, in: ZevKR 27, 115–133.

PIRSON, DIETRICH (2000), Kirchliches Verfassungsrecht. Eigenart und notwendiger Inhalt, in: ZevKR 45, 89–108.

PIRSON, DIETRICH (2002), Evangelisches Kirchenrecht und Bekenntnis, in: ZevKR 47, 173–196.

PIRSON, DIETRICH (2003), Die protestantischen Kirchen im universalkirchlichen Zusammenhang, in: Essener Gespräche 37, 23–38.

POLLACK, DETLEF (1995), Was ist Religion? Probleme der Defintion, in: ZfR 3, 163–190.

PREUL, REINER (1997), Kirchentheorie. Wesen, Gestalt und Funktionen der Evangelischen Kirche, Berlin / New York.

PREUL, REINER (1998), Art. »Bildung IV. Religionsphilosophisch«, dogmatisch, ethisch, in: RGG^4 1, 1582–1584.

REISGIES, JENS (2017), Evangelische Kirchenrechtssetzung. Staatliche und kirchliche Anforderungen, Göttingen.

ROBBERS, GERHARD (Hg.) (2005), Staat und Kirche in der Europäischen Union, 2. Aufl. Baden-Baden.

RÖSSLER, DIETRICH (1994), Grundriß der Praktischen Theologie, 2. Aufl. Berlin / New York.

ROHDE, JÜRGEN (2007), Die Union Evangelischer Kirchen in der EKD, in: ZevKR 52, 593–616.

VON SCHELIHA, ARNULF (2013), Protestantische Ethik des Politischen, Tübingen.

SCHIMANK, UWE (2016), Handeln und Strukturen, 5. Aufl. Weinheim/Basel.

SCHLAMELCHER, JENS (2018), Religiöse Organisation, in: POLLACK, DETLEF u. a. (Hg.), Handbuch Religionssoziologie, Wiesbaden, 489–506.

SCHLEIERMACHER, FRIEDRICH (1811/30), Kurze Darstellung des theologischen Studiums zum Behuf einleitender Vorlesungen, hg. von Dirk Schmid, Berlin 2002.

SCHWÖBEL, CHRISTOPH (2011), Wissenschaftliche Theologie. Ausbildung für die Praxis der Kirche an staatlichen Universitäten im religiös-weltanschaulichen Pluralismus, in: ALKIER, STEFAN / HEIMBROCK, HANS-GÜNTER (Hg.), Evangelische Theologie an Staatlichen Universitäten, Göttingen, 56–92.

SMEND, RUDOLF (1951), Staat und Kirche nach dem Bonner Grundgesetz, in: ZevKR 1, 4–14.

SOHM, RUDOLF (1923), Kirchenrecht, Bd. 1. Die geschichtlichen Grundlagen, 2. Aufl. Leipzig.

STUTZ, ULRICH (1926), Die päpstliche Diplomatie unter Leo XIII. nach den Denkwürdigkeiten des Kardinals Domenico Ferrata, Berlin.

THIELE, CHRISTOPH (2015), Art. »Anerkennung«, in: HEINIG, HANS MICHAEL / MUNSONIUS, HENDRIK (Hg.), 100 Begriffe aus dem Staatskirchenrecht, 2. Aufl. Tübingen, 7–9.

VON TILING, PETER (1995), Das Kanzelrecht, in: ZevKR 40, 418–434.

TROELTSCH, ERNST (1912), Die Soziallehren der christlichen Kirchen und Gruppen, Tübingen.

DE WALL, HEINRICH (2012), Das Pfarrdienstgesetz der EKD, in: ZevKR 57, 390–409.

DE WALL, HEINRICH (2015), Art. »Religionsgemeinschaft«, in: HEINIG, HANS MICHAEL / MUNSONIUS, HENDRIK (Hg.), 100 Begriffe aus dem Staatskirchenrecht, Tübingen, 212–215.

WEBER, HERMANN (1997), Bund der Kirchen an staatliche und innerkirchliche Grundrechte und das Verhältnis der Grundrechtsgewährleistungen zueinander, in: ZevKR 42, 282–318.

WEGNER, GERHARD (2007), Was ist geistliche Leitung?, in: PTh 96, 185–200.

WELLERT, ANNE-RUTH (2013), Entwicklungen und Perspektiven des Verbindungsmodells in der EKD, in: ZevKR 58, 229–252.

WELLERT, ANNE-RUTH (2016), Einrichtungen und Werke der Kirche, in: ANKE, HANS ULRICH u. a. (Hg.), Handbuch des evangelischen Kirchenrechts, Tübingen, 571–598.

WENDEBOURG, DOROTHEA (2006), Das bischöfliche Amt, in: ZevKR 51, 534–555.

WINKEL, BURGHARD (2006), Art. »Patronat«, in: EvStL, Neuausgabe, 1751–1754.

WINTER, JÖRG (2004), Die Union Evangelischer Kirchen als Beitrag zur Strukturreform der Evangelischen Kirche in Deutschland, in: ZevKR 49, 239–252.

WIẞMANN, HINNERK (2016), Gegenstand und Ordnung kirchlicher Verwaltungsverfahren, in: ANKE, HANS ULRICH u. a. (Hg.), Handbuch des evangelischen Kirchenrechts, Tübingen, 865–897.

WITTE, JOHN (2014), Recht und Protestantismus. Die Rechtslehren der lutherischen Reformation, Gütersloh.

WISSENSCHAFTSRAT (2010), Empfehlungen zur Weiterentwicklung von Theologie und religionsbezogenen Wissenschaften an deutschen Hochschulen, Drs. 9678-10, Berlin.

WIẞMANN, HINNERK (2019), Religionsunterricht für alle? Zum Beitrag des Religionsverfassungsrechts für die pluralistische Gesellschaft, Tübingen.

WOLF, ERIK (1961), Ordnung der Kirche. Lehr- und Handbuch des Kirchenrechts auf ökumenischer Basis, Frankfurt a. M.

ZIEKOW, ARNE (2018), Datenschutz-Grundverordnung und kirchenrechtliche Adaption, in: ZevKR 63, 390–436.

6.6 Register